15

食物续

主编
左靖

中原出版传媒集团
中原传媒股份公司

大象出版社
·郑州·

图书在版编目（CIP）数据

碧山.15,食物续／左靖主编.— 郑州：大象出版社,2023.11
ISBN 978-7-5711-1899-0

Ⅰ.①碧… Ⅱ.①左… Ⅲ.①中华文化-文集②饮食-文化-中国-文集 Ⅳ.①K203-53②TS971.202-53

中国国家版本馆 CIP 数据核字（2023）第 208888 号

# 碧山 15：食物续
左靖　主编

| 出　版　人 | 汪林中 |
|---|---|
| 责任编辑 | 庞　博 |
| 责任校对 | 安德华 |
| 美术编辑 | 王晶晶 |

| 出版发行 | 大象出版社（郑州市郑东新区祥盛街 27 号　邮政编码 450016） |
|---|---|
|  | 发行科　0371-63863551　总编室　0371-65597936 |
| 网　　址 | www.daxiang.cn |
| 印　　刷 | 河南瑞之光印刷股份有限公司 |
| 经　　销 | 各地新华书店经销 |
| 开　　本 | 720 mm×1020 mm　1/16 |
| 印　　张 | 15.75 |
| 字　　数 | 246 千字 |
| 版　　次 | 2024 年 1 月第 1 版　2024 年 1 月第 1 次印刷 |
| 定　　价 | 68.00 元 |

若发现印、装质量问题，影响阅读，请与承印厂联系调换。
印厂地址　武陟县产业集聚区东区（詹店镇）泰安路与昌平路交叉口
邮政编码 454950　　　　　电话 0371-63956290

卷四 食之运动

这种『新零售』不为赚钱为什么 台湾学者『帝都』观察记   万尹亮   098

在秦岭，见证人与蜜蜂的古老约定   吴鹄   107

卷五 书、歌与影   125

大卫·哈维的黄金时代   赵益民   126

关于『回乡记』专辑   钟永丰   133

重返小川绅介的稻田   郭熙志   152

农具，攻稻与麦   图 刘庆元 文 张美华   159

什么养成了我们 景迈山食物与人   李朝晖   183

卷六 社会参与式艺术   191

艺术乡建进行时   王美钦   192

以人为本的地方营造 『茅贡计划』与乡镇建设   文 王美钦 译 王彦之   194

艺术参与地方营造 在景迈山翁基寨的乡建   王美钦   218

后记   相欣奕   240

作者简介   242

097

# 目录

卷首语 关于不同方式的食物书写（下） 左靖 001

## 卷一 特殊时期的食物

历史上中国饥荒现象的内涵考述 曾雉嘉 002

食物与生活的本原 张美华 009

归来，疫期云南食物 李亚枝 020

三生相 <sub>疫情期间湖北城乡餐食</sub> 朱怡 028

## 卷二 食之道

食宜有礼 <sub>2010年代新素食运动</sub> 简艺 038

素食的公正与慈悲 蒋劲松 045

## 卷三 食之设计

把食材变成灯具 <sub>做食物设计师是一种什么体验</sub> 景斯阳 053

后碳背景下食物设计的四维转化 笑梅 068

人间有味是清欢 <sub>食物设计与我们的世界</sub> 李萌 081

材料和当地食俗说明，让大家领略日本各地面食文化的魅力。要知道组织嘉宾去村民家吃饭非常困难，但这样做是为了让嘉宾更好地体验当地生活，通过食物的联结，零距离地接触和了解当地的饮食文化和人情世故。

2012年，D&DEPARTMENT的创始人长冈贤明先生在东京涩谷创立d47，一个集美术馆、商店和食堂于一体的复合空间，这是一个标志性的事件，更加明确了他以日本的47个都道府县为架构，把发掘各个地域的地方物产，以及长存于当地的设计作为自己的主要工作。在d47食堂，你可以吃到日本任何一个地方的定食。长冈先生要求，每开一家店，本地食物的售卖是必要条件。他认为食物是了解一个地方最直接的方式。不仅在餐厅里贩卖本地的食物，甚至连盛食物的器皿，最好也是本地出产的。餐厅往往还设有特价区，用于销售接近包装上标示的最佳出售日期的食物，或者仅仅因为看上去不够漂亮的食物。

最近两年，我们主要在河南修武县的大南坡村从事乡建工作。大南坡属于北方，所谓南稻北麦。我邀请旅日青年学者林翔策划了「世界麦面与中原乡土」分展，作为「乡村考现学：修武的山川、作物、工艺和风度」展的组成部分。麦面单元的内容比较复杂，策展人把「麦」置于一个全球语境里进行讨论，关于它的种植、收获、发酵食物、营养、贸易、经济学，甚至地缘政治等，探究了小麦是如何与人类文明相互影响、共同演化，并共同赋予喜食麦面的中原乡土以绵延的生命力。

还有件有意思的事情，不记得是涂飞还是刘庆元的提议，2020年的「南坡秋兴」，我们安排所有嘉宾到村民家吃

饭。

最后分享一下在云南景迈山参与的申报世界文化遗产的工作。我们主要负责景迈山乡土文化的调研、整理、展览和出版。景迈山以茶闻名，千百年来，世居当地的傣族和布朗族先人，发明了林下种植的方法——茶树是在完整的植物生态体系中生长，成片的种植区又以分隔防护林隔开，避免虫害传播，这是非常智慧的种植方法。

茶在景迈山既能治病，又可作为食物，更可饮用，我们的工作内容围绕着这片树叶展开。同时，我也关注这一地区的其他食物。为此，我邀请摄影师李朝晖上山创作。之前，他在西双版纳拍摄的作品「什么养成了我们」让我印象深刻。

2021年4月，李朝晖从湖北驱车2000多公里来到景迈山，完成了「什么养成了我们」景迈山篇。李朝晖毕业于北京大学生物系，所以他观察世界习惯性地带着生物学眼光。在景迈山的创作中，他选择了四个世居民族展开拍摄，邀请每个人分别挑选出常吃的和喜欢吃的食物。最后，李朝晖拼出他们各自的「食物物种图」，并用这些食物拼成他们的肖像，来讲述景迈山「到底我们是由什么养成」的故事。

以上是我这些年来跟食物话题发生的交集，权作「食物」专辑的卷首语。

# 卷首语　关于不同方式的食物书写（下）　左靖

2021年12月11日，涂飞和刘庆元合作策划了「地方、音乐与实践」活动，意把音乐根植到国内外的各种正式、非正式的艺术场景中去。他们邀请我做个讲座，因为地点选在顺德美食博物馆，正好我手头积压了两年的《碧山》食物专辑的稿件，自然就把主题定为「食物」，借此机会回顾一下十多年来，我的工作中与食物的交集部分。此为讲座稿的后半部分。

食物问题备受关注，可以说是显学。钟永丰写《野莲出庄》，也是受到近二十年来中国台湾的食农教育、保种运动、食物研究以及新植物志风潮的启发和影响。讲座前，我大致梳理了一下过往的工作，居然跟食物的联结非常紧密。《碧山08：永续农耕》，关于永续农业、朴门农业，还制作了一张「中国社区支持农业地图」；《碧山09：米》，是关于「米」的专辑，从稻作历史文化到《耕织图》中的稻香与耕苦，从寻找地禾糯到厦门米粉，还有关于稻米的器物、摄影、诗歌、舞蹈、电影和小说等。

出版之外，关于食物的展览和因食物衍生的各类社会问题的展览，每年在世界各地都有举办。2015年9月，联合国通过了2030年可持续发展议程，其中就有：「消除饥饿，实现粮食安全，改善营养状况和促进可持续农业」的目标，即要在

2030年实现全球「零饥饿」。照目前来看，这是一个无法完成的任务。

有一个机会。2018年11月，受联合国粮农组织委托，我和汪涵在北京798的悦·美术馆策划了「行动造就未来——2030年实现全球零饥饿」展览。在前言里，我引用了一句谚语：「我们并非从父亲那里继承土地，而是向我们的子孙借用它。」展览中，建筑师梁井宇关于「回宅」的研究让人印象深刻。这件作品用以致敬孔子的学生颜回，「一箪食，一瓢饮，回也不改其乐。贤哉，回也！」。这是梁井宇对人类如何可以更少地向自然索取的生活方式的赞美。比如，围绕食物制作而设计的「理想家」应该是什么样子的。假想没有冰箱，一个家庭该如何组织家庭协作，生活方式又会发生怎样的变化，去除部分「现代化」的便利设施，会更能鼓励家庭协作，享受劳动乐趣等。这是一个还在进行中的研究项目，给我们提供了很多与自然友善、可持续发展等方向上的思考。

2018年10月，我们与日本的D&DEPARTMENT开始合作，在碧山开设了中国唯一一家加盟店。「d47面」是他们的参展作品。日本有47个都道府县，每个都道府县都有自己的面食，种类繁多，吃法各异。作品通过面的实物、制作方法、原

# 卷一 特殊时期的食物

历史上中国饥荒现象的内涵考述　　　　　　　曾雄嘉

食物与生活的本原　疫期家庭餐食　　　　　　张美华

归来，疫期云南食物　　　　　　　　　　　　李亚枝

三生相　疫情期间湖北城乡餐食　　　　　　　朱怡

# 历史上中国饥荒现象的内涵考述

曾潍嘉

饥荒——作为一种人类文明发展过程中的伴生现象，集自然与人文之生态系统于一体，织就了一张围绕人地互动，辐射人口、农业、生态、社会与经济等诸多专题的网络，在漫长的历史时期中对中华文明的整体进程施加了极其深远的影响。

我国历史文献中不乏对饥荒现象的记载，历代文史典籍、乡土方志、文书碑刻等，所录者可谓比比皆是。近年来，学界对于历史时期饥荒现象的研究旨趣有了显著的升温，取得了颇为丰硕的成果，并渐趋架构饥荒史为一特立之研究分支。其研究侧重点可归结为三：其一，究其因果，即就某类自然或社会现象展开，探讨其与饥荒现象之间的互动历程，自然者，诸如水文、地形、气候之变迁，社会者，诸如人口、经济、交通之演化，将其辨明缘由，探究其与饥荒现象产生之间的关联；其二，探其表象，该类研究多聚焦于某一历史时期，详考史籍所载的某次饥荒现象之历程，其间有何表现，饥荒现象的出现对于自然与社会生态产生了何种影响等；其三，论其演化，即将所界定的饥荒现象作为一个统一的历史地理现象，探究其发展源流，在历史时期内解读所研究区域内的时间分布与空间分布，以明晰其时空规律。

三类研究为我们今天深入探究与认识我国历史上的饥荒现象奠定了相当的文献基础，也为我们提供了研究饥荒史的多元化视角，可资借鉴者，自不待言。然则所论之为历史现象者，需明其源流，考其正义，为当务之首。何以谓之饥荒？寓意之内涵何似？明辨中国历史上饥荒现象的根源，界定饥荒现象的概念，并在这一过程中，对于饥荒现象所具有的多元化内涵加以详尽考述，将为我们于名实之间，用历史的眼光深刻认识饥荒现象提供立足点，并为推进研究的持续深入提供借鉴，即为本文所论者也。

## 一、名实之辩

今日研究饥荒者，常引当下之意，将其定为"由于农业歉收或绝收，致使黎民百姓因粮食短缺而挨饿的现象"，谓之饥荒发生时，农田荒芜，赤地千里，人口大量死亡或流亡他乡，使社会经济发展停滞甚至倒退，对乡村与城市产生严重影响之社会现象。或云，"饥荒为自然灾害的伴生现象，在人地互动过程，在极端自然条件下所催生的灾害发生时，饥荒会因人口结构演化而伴生，并与灾害相伴随"。二者各有侧重，前者重于农业现象，后者则重于自然灾害，定论不同而所见各执其理。而二者相同者，皆以今日自然与社会生态之学，解析饥荒现象之实，以近代科学发达所形成之概念总结法，参酌当下之实际，划定范围以利研究，此为当前固定之法则。然则，若以今日之名，定历史之实，必会在研究侧重的选择过程中产生信息遗漏；若透过历史视角，立足于还原历史时期饥荒现象之历史本相，回归历史文献本身，挖掘其间内涵本源，便在此名实之辩中具有重要的意义。

若分解"饥荒"二字，饥者，清代陈昌治版的《说文解字》谓之"谷不孰为饥，从食几声"。清人段玉裁的《说文解字注》注云"释天文，又曰，仍饥为荐，按论语年饥，因之以饥馑"。其间我们不难看出，"饥"字在历史上所接纳的概念中，强调了农作物的种植问题，所谓"谷不孰"便为饥，在史料中，所谓"谷与粟同义"，为"百谷之总名也"。此外，历史上又有对于"谷"的多元化解析，即"百谷"之所谓，如《周礼》有五谷与九谷之说，包含"黍、稷、稻、粱、麻、大小豆、小麦、苽也"。而《诗经》中所言"六谷"则为"稌、黍、稷、粱、麦、苽也"。类型繁多，随时代演变而成"百谷"之谓，即"诗、书言百谷，种类繁多，约举兼晐之词也。惟禾黍为嘉谷。李善引薛君韩诗章句曰，谷类非一，故言百也"（清代段玉裁的《说文解字注》）。虽类型各有差异，而在历史上，"谷"所直接指陈的作物偏向于我们今日所谓的粮食作物，划分为谷类作物、豆类作物和薯类作物三类，以提供淀粉、植物蛋白、维生素为主的农作物。此外，"饥"字解释中的"不熟"以及论语"年饥"之说，可以看出其所强调的粮食作物的季候性问题，强调了时间维度，即因年而生的以粮食作物为主的产出问题，与今日农业所论普遍性的丰歉问题，存在一定差距。荒者，《说文解字》谓之"芜也，从草巟声，一曰草掩地也"。"荒"在历史上有相当多的延伸义，或表地域方位，即云八荒之说。而与饥荒的解析所近者，则在"草掩地"一说，今日观之则可谓草类生长的湿地即为荒，若与农业相关则可以理解为未被农业开发的土地。但在《诗经》的注解中，又指陈，"荒，奄也"。所谓"奄"可作覆盖之说，以强调该地非农作物之繁盛。又可作"奄至"理解，即为短期内突然的变化，如《晋书》所言"此情未果，来书奄至"。若将此字解为一动态过程，即所指地区短期内变化为草木繁盛的非农作物生长地的过程，这与前所论之赤地千里亦有所别。

合二字为一词，我们可以发现"饥荒"一词与前论二字所分含之意有相当的联系，《墨子·七患》篇云，"一谷不收谓之馑，二谷不收谓之旱，三谷不收谓之凶，四谷不收谓之馈，五谷不收谓之饥，此凶年通谓饥荒"。在这里继五谷之说，划分馑、旱、凶、馈、饥五个层次，以年为周期的"谷不收"诠释了饥荒，回应了"饥"字解释中与"谷"的联系，并且同样将其与时间维度密切集合起来，所谓"国凶札，则无关门之征，犹几。（郑司农云：'凶，谓凶年饥荒也。'）"强调了"凶年"与"年饥"的对应关系。而对于"荒"字则加以地域限定，意为田荒，在《六书故》中解释为"田荒则谷不登故因之为饥荒"，并指出"荒度之义取此，因之荒远，禹贡五服最外为荒服，远地多荒弃不田也"。由此我们不难看出，两字合为一词后，延续了字意解释，"饥"强调其时间过程，以粮食作物生长周期为限，因年而生，这种饥荒的周期性，即"所种禾稻有不获颗粒者，八月秋中，村男妇尚不得一饱，若至十月之交，雨雪载涂，其何以堪，今计九月天气犹暖，尔民尚可竭力支持，及至隆冬，必致饥寒，不能出户"（清代于成龙《于清端政书》）；"荒"则强调其地理过程，以地域特征为论，因国而分。因此，论名实之辩，"饥荒"一词的传统解析，当为时空维度之下的一种复杂地理过程，涵盖面广，而非单指今日农业歉收或自然灾害伴生之现象。

## 二、延展之面

前文析之"饥荒"一词之义，当知其非为一孤立现象，而乃集时空为一体之地理现象，可见其与区域内众多要素互为关联，相互引渡，并处于不断发展的过程之中，乃一动态结构。就其与传统时期国家概念的联系中，我们可以发现所谓内外之分，并成为国家内政的重要评判事象，在《左传》中所记"以齐国之困，困又有忧，少君不可以访，是以求长君"，而对"困又有忧"一句的注释则述"内有饥荒之困，外有兵革之忧"，一内一外，体现其作为内政评判之事象。并由此强调了其与民生之间的特殊关联，在《易经》中有"屯膏之象"的阐述，将其作为国政与民生之间加以关联，于内外之说的基础上，引入了上下之分，从而契合国家结构，指出"遭屯难饥荒，君当开仓廪赈百姓，而反吝则凶。膏泽不下于民，屯膏之象也"。此外，饥荒与国家行政区划也会产生空间联系，所谓"旱潦偶罹，饥荒望赈，四远孤穷，既不能为升合匍匐而来，百里元侯，又不能为挽负乡村而去"（清道光《皇朝经世文编》）的现象，揭示了与国家行政密切相关的行政区划分及治所设置，都会密切影响饥荒现象。如元代所置站赤，当时的陕西"奉元路在城，并临潼同官等二十三站，四年蝗旱，田禾不收，人自相食，若不接济，即见废绝"。在这样的情况之下，以站为单元，"每站乞与钞四百锭以赈之"。然而当时所划站赤多以保障军事交通为准，非"治民所在"，使得"微惠何能得济，闻来使之言，谓站户饥荒，太半逃亡"（《永乐大典》）。

除作为国家内政的重要组成部分，以及与国家政权结构和行政区划密切相关外，饥荒还与社会发展的背景产生密切联系，而这一联系同样体现在时代背景与空间背景之中，并通过社会各项专题加以表现，而故非一贯之词可以言明。其时代背景的体现往往伴随历史事件，如明代倭寇之患背景之下，"某切念民遭倭乱之余，室如悬罄"，而"遇饥荒之变"，这与当时东部沿海地区的社会环境相结合，使得饥荒过程之中，"壮者则趁工于水乡，图升合之粟而积劳以死，老弱则枵腹于户内，无瓶罍之积而待哺以亡"[1]，并且由于倭患而导致"水路绝而客商不至，生路难寻"。这一记载生动地体现出在这一特殊时代背景之下，东部沿海社会百姓生计反映出的地域性特征。在清代总结陕西历次饥荒的过程中，指出"各省饥荒，而陕西尤甚"的原因，在自然环境方面，概括为"西北地广人稀，耕种最难"；在社会环境方面指出，"自故明废开中而边无商，困军余而边无屯，抑召籴而边无贾"，从而无法进行有效的物资流通，最后导致"至于末年，求食饥民，流为寇盗"[2]。

历史上饥荒这一地理现象内涵复杂，与国家政权及社会发展都存在密切的互动过程，并体现出极强的地域性，这样的特征也就理所当然地延续到针对饥荒的赈济过程之中。鉴于历史上饥荒所具有的地域性，空间联动特征最为凸显，所谓"一旦饥

---

1 引自（明）李诩的《戒庵老人漫笔·卷四·己未岁荒》。
2 引自（清）贺长龄、魏源的《皇朝经世文编·卷三十四·户政九》。

荒，或四方皆警"[1]，各地赈济过程也需要遵循其特有的时空规律。在清代郑昱所奏《请通行常平仓法疏》一文中即指出各省赈济粮调配的过程中，由于地域差异，粮米调运在供求与价格上存在较大差异，应予以考虑，"如河南山陕江淮等处，内有奏报发赈者，有请停漕粮者，是目下青黄不接之状，与直隶同然也。至于湖广江西，虽号米谷之乡，然每至五六月，谷价不昂，而民多乏食，丰年犹然，况薄收乎。是目下青黄不接之状，亦与直隶同然也。他如闽越川广云贵等省，虽丰歉不齐，要之五六月间，新禾在亩，旧谷已罄，皆青黄不接之时，又与直隶有同然也。夫积谷原以为民也，谷积而无济于民食"。因此，在处理的过程之中，为防止饥荒的出现，应"行令各抚臣酌量州县之大小，详查存积之多寡。应留若干米谷，以备饥荒，其余剩者，俱于每年五六月，照市价减粜。所粜银两，仍于本年九十月籴买新谷还仓。稍有羡余，存为修仓之用。夫夏则旧谷必贵，秋则新谷必贱。谷贵则量减而粜以利民，谷贱则量增而籴以利农"。最终使得"丰岁则出所存之银，买谷以补仓，而常使其有余。凶岁则发原留之谷，给赈以救荒"[2]。

在这一过程中，形成了针对饥荒现象的被动与主动的两类模式，备荒与荒政成为常态化的问题，所谓"益储羡粮以为饥荒军旅之备"[3]。又如，"如曰水旱饥荒，其至无时，非务积聚，何以备之"[4]。在被动式的处理模式中，施粥成了主要方式，所谓"饥荒已极"，即"施粥须因里设厂，若劳其远行，恐半途仆毙。又须立人监理，令饥民至者，随其先后，来一人则坐一人，后至者坐先至之下，已坐者不许再起。一行坐尽，又坐一行，以面相对，以背相倚，空其中路，可令担粥人行走。坐至正午，击梆一通，高唱给第一次食，令人次序轮散。有快餐先毕者，不得混与。一次散讫，然后击梆二通，高唱给第二次食，如前法。共三次即止。……散去之法，令后至坐外者先行，挨次出厂，庶不拥挤践踏。又多人群聚，易于秽染生病，须多置苍术醋碗，熏烧以逐瘟气。又不时察验，严禁管粥者克米"[5]。而主动的救荒模式则以备荒为主，并采取多元化的社会手段，调剂饥荒所造成的危害，即"课农之余，并及果木，为闾阎佐食用，即以备饥荒，计至深远也"[6]。所谓"夏麦薄收，火速劝谕多种荞、麦、黍、谷、豆、晚田蔬菜、果木、苜蓿、野菜、豌豆、

---

1 引自（清）贺长龄、魏源的《皇朝经世文编·卷八十二·兵政十三》。
2 引自（清）贺长龄、魏源的《皇朝经世文编·卷三十九·户政十四》。
3 引自《永乐大典·卷七千五百十四·十八·阳仓》。
4 引自（清）陈宏谋的《学仕遗规·卷一·黄东发日钞》。
5 引自（清）贺长龄、魏源的《皇朝经世文编·卷四十一·户政十六》。
6 同上。

蓬子、稊稗可备春首饥荒"[1]。有诗言"君子为利博，达人树德深。苹藻由斯荐，樵苏幸未侵"[2]之句，其中"苹藻"一词，"谓之聚藻，煮熟挼去腥气，米面糁蒸为茹，嘉美，扬州饥荒可以当谷食"。除此之外，调剂转运和以兴工减灾的方式在历史上也有较多的运用，前者如"臣去冬赴官，甫及处州之境，便闻本州饥荒，就借处州印具，申省乞蠲租科，此光祖所目击，到任之始，首捐己俸置局赈荒，只是州郡自办不能，如邻州科扰平民，曾具账册备录施行次第登于台省"[3]，而后者则有"荒岁役民，出于不得已，而未始非良法也。浚河筑堤诸务，受其直，救目前之饥荒；借其劳，救将来之水旱。他如修城垣，葺学校，皆工程之大者。即缮完寺观，似非急务，而用财者无虚糜之费，就佣者无素食之惭，劳民而便民，非良法乎"[4]。

## 三、寓意之核

在古代社会长期与饥荒现象相伴随的发展过程中，饥荒不仅仅被解析为一种兼具时空维度且具有广泛社会辐射效用的地理现象，在古人应对人地关系的过程之中，也被赋予了深刻的文化寓意，而将其升华为一文化事项。其间最为突出者，乃合天人相关之说，饥荒的现象本体及赈济的表现被作为奉天德政的判别标尺，而建构成对儒家理想社会的符号认同。《孟子传》中指出，"百里门庭远于万里尊卑阔绝，而上下之情疏，名分深严，而廉陛之交绝。平时暇日，君尊如天，有司尊如鬼神，高深慸固，与下民绝不相知"。国家上下结构的分离将导致"饥荒不问，冻苦不收，民已绝望于君，君亦绝意于民，相视已如行路之人耳。一旦风尘四起，郊垒多兵，乃欲使之前，即死地以保我国家，卫我宗社，岂有是理哉"[5]。这一论点将饥荒的现象置于国家政治结构的评价体系之中，从而产生密切的关联。

除建构于君民之分与国家结构之外，这种文化寓意亦辐射于社会百象，并以天意人心的话语加以表达，所谓"奉使辄以饥荒入告，所以动人主，勤天戒，畏民岩之心

---

1 引自《居家必用事类全集（明隆庆二年飞来山人刻本）•辛集•为政九要•时利第九》。
2 引自（北周）庾信撰、（清）倪璠注的《庾子山集•卷四•诗•西门豹庙》。
3 引自（南宋）吴泳的《鹤林集•卷二十三•状•与马光祖互奏状》。
4 引自（清）贺长龄、魏源的《皇朝经世文编•卷四十一•户政十六•兴工》。
5 引自（宋）张九成的《孟子传•卷五》。

者，虑至深远"[1]。而被升华为一种具有深刻文化寓意的符号，这样的反映亦为双向。一面为仁德体现，一面则评朝政之失，即如"近来饥荒，飞蝗蔽天，以讥朝廷行法事多阙失，又言酒食无备，公厨萧索，以讥讽朝廷减削公使钱太甚，公事既冗，旱蝗又甚，贰政巨藩，尚如此窘迫耳"[2]。

## 四、结语

综上所论，我们发现，饥荒作为一种人地交互过程中所产生的复杂地理现象，在中国历史上的内涵同今日学界研究所凭旨趣有着较大的差异，因此在研究的过程中，不还原其历史的本体加以解读，所得观点不免以今窥古之虞，指论皆非，失其本意。在对历史上饥荒的名实、延展和寓意的内涵挖掘过程中，"饥荒"一词强调了时间与空间的双重性，故不能将其简单理解为一种灾害现象，而应立于社会环境整体，究其延展诸面，与经济、政治、文化诸项联系甚密。其寓意之核心，在于国家与社会的建构，在升华的过程中，成为透过文化解读天人关系的重要指针。

---

1 引自（清）贺长龄、魏源的《皇朝经世文编·卷四十一·户政十六》。
2 引自（北宋）苏轼撰、施元之注、（清）顾嗣立郡长蘅删补的《施注苏诗·卷十·诗三十七首·寄刘孝叔》。

## 食物与生活的本原

### 疫期家庭餐食

张美华

采竹笋做的笋干

《活着》里的福贵经历了多于常人的苦难,如果从旁观者的角度,福贵的一生除了苦难还是苦难,其他什么都没有;可是当福贵从自己的角度出发,来讲述自己的一生时,他苦难的经历里立刻充满了幸福和欢乐。

——引自余华《活着》麦田新版自序

采摘艾草做的青团

疫情非常时期，最必需的改变就是减少与人的直接接触以及去往远方的旅程。居家成为常态的生活模式，家是我们最现实的生活场所，居家是最近距离的相处。居家闭门相守，我们是不是在失去"诗与远方"？

停下与外人外界来往的脚步，更多的是与家人的相处，与居家附近的自然的相处，以及与自己的相处。不自觉地静下心来。不由得降低一些原本唾手可得的美食欲望满足，重新面对"我们吃什么""我想吃什么"的思考。回归本来的自然美食欲望，出乎意料又自然而然地加固了故乡的原生文化，重新缝合之前与家人和自然的断裂关系，重新拾起原生文化并传承起来。在与家人及自然的日复一日的简单相处过程中，在食物的发酵过程中，在人们的观念发酵过程中，在对大自然的更替体验中，体悟到人生的自然性。

**从外食堂食到家庭餐食——DIY 采一种一做一存**

"非常时期，自有非常之吃。"逃不掉的是"日日下厨，餐餐执勺"。说的是应对与无奈。

疫情非常，对于日常三餐，"非常"在于：不能随时随地去购买食材，更别说随意下馆子了。食物要求的新鲜与安全,平时交给各种酒店、餐馆和市场,而如今,我们必须回归到家庭。一个小家庭,如何在减少外出的前提下,保证每日餐食的新鲜与安全?食材储存,完全依赖于气温与冰箱吗?家人难得齐整居家,一家的"煮人",需要并且积极地寻求什么样的食材?什么样的厨具?什么样的流程?追求什么样的家庭餐食效果?形成什么样的家庭餐食模式?互相形成什么样的家庭氛围甚至家风传统?

**自己采食材**

除了超市买菜,我们还会自己采摘一些食材。由于拥有大量的空闲时间,在安全有保障的前提下,不仅住区附近采摘的艾草可做青团,甚至附近山上的新鲜竹笋,以及老家地里的各色蔬菜,都成为非常时期我们睽违已久的食材。

**自己种蔬果**

不能随时出门到超市采买新鲜食材,于是尝试在阳台上种葱蒜,在附近空闲地种豌豆、蚕豆甚至大豆、苞谷。有些长得很快的绿色蔬菜很快就能上自家的餐桌了。大豆、苞谷甚至一些水果需要等待更长时间。不过,趁着大把时光,好好伺候一番,也能看到一些希望。

左 嫩胡豆采摘之前的蚕豆花

右 采摘豌豆尖和嫩豌豆前的豌豆花

卷一 特殊时期的食物　011

右 梨花
左 水蜜桃花

## 自己做食物

南方主妇们从来没有想到过，有一天她们能掌握做馒头的所有技巧。北方女人们，也突然间发现糯米糍粑不仅香甜可口，制作流程也颇为简易，简直停不下来，接连几天把家里的红糖都耗光了。以前偶尔能享受到的外地美食，甚至从来没有想过能端上自家餐桌的本地美食，是怎么实现它们的华丽登场的？

手工馒头，关键就在于和面与发酵。南方人对于"和面"，真的是没有任何体验的，直到某位北方同事传你"秘籍"：加水要慢慢加，边加边用筷子搅，搅到"絮状"，就可以上手揉面了。揉到什么程度呢？南方人在还没有解决"絮状"的前提下，对于"三光"更是一直迷惑着，根本不要提什么"手套膜"。至于发酵的部分，北方人一般只给你说"醒"，完全意识不到南方人需要具体温度与时长的提示。然而温度与时长往往又无法准确定义，因面粉的种类而不同。最后，北方人会给你总结出"发酵至两倍大"，算是给出了终极答案。在没有掌握好"絮状""三光""醒"的情况下，面粉可能根本就不会发酵，还提什么两倍大呢？其实，一环扣一环，前面的做对了，后面就会水到渠成。这是对于别人家的传统食物的解锁。

焖面，即便是北方人也并不常做。为制作焖面而和面，不需要发酵粉，唯一的秘诀是冷水和面。和面时加点盐，就能提升面条的筋道值。在下锅之前的等待时间里，

右　亲手蒸的蛋糕
左　亲手做的红糖糍粑

任和好的面略略自然醒发就好了。焖面的配料食材，则可以随意选择。北方面条的筋道，加上重庆小面的调料，应该可以实现面条的梦幻组合吃法了。

**自己储存食物**

非常时期，我们重拾传统的保存食物的方式——发酵。在经过一段时间的发酵之后，食材会变成另一种美味。食物储存与发酵的关系，则从一个棘手的问题转换成为一个必要的过程。从担心食物因储存而变坏，变成了对储存发酵之后风味的期待。

手工发酵的特别之处，就在于有更多属于个人的特别的味道，外婆与妈妈的味道。特殊时期，我们有更多时间、更多机会亲手给家人做一些特别的食物。这些食物来自于外婆和妈妈的手，来自独属于某人的外婆与某人的妈妈的手。食物中真实地带入外婆或妈妈的"亲手"。每一次手工的操作，不同心情之下，形成的食物有着微妙差别，慢慢形成独属于她的食物味道。

**从被迫选择回到自主选择——故乡文化的传承与自信**

我们从早餐店、食堂、火锅店回到家庭所有家人的一日三餐，回归的是什么？

右 酸鲊肉
左 酸笋

无论是早餐店还是火锅店，走进去都会给我们琳琅满目的感觉，你可以任意挑选自己喜欢的——不过，你其实只能挑选，并不能定做——也就是说，你其实是在被迫选择。家庭的一日三餐呢？也许开始几天，家里的"煮人"会有些手忙脚乱，疲于应对；在慢慢适应之后，我们会重新思考：到底想吃什么？

某一天，我想起了小时候妈妈做的酸鲊肉，那是小时候的奢侈品，但是每年都会吃到。我也曾经想过要跟妈妈或者姐姐学，但她们就像小时候应付我想学绣鞋垫一样，总是很好笑地觉得学那些东西是大材小用，好好读书不是比什么都强？所以妈妈总说等我长大了再教我。等我成年成家了，偶尔提起，她们也只是笑笑，似乎觉得我还能记起那种食物是一件稀奇的事，"外面什么不比那个好吃？"——这才是她们内心的话。和几个小时候也吃过酸鲊肉的老乡提起，他们也都是口水四溢的感觉中满怀的想念。

查看了多种酸鲊肉的做法，备齐了所需的器具与食物材料，家里的"砧板"师傅心情也好，切好了五花肉。于是，我开始按照脑子里备好的程序，将五花肉一片片地用筷子放进粉蒸碗里，裹上满满一层粉，再次摊开、翻面，尽量裹得满当扎实些，再轻轻地放进干净干燥的坛子里，一片接一片地，多放几片之后，小时候记忆里的样子就出来了，不由得心生欢喜。我只记得那时的味道，对于妈妈做的过程竟然没有一点记忆，就只凭着一口咬下去的别致的味蕾记忆和妈妈从坛子里拿出来时嗅觉的记忆，以及在网上查看时看到的照片，就忍不住口水赶紧下单想要解馋了。毕竟自己做的至少也要放上半个月才能打开尝试味道。我一个人静静地在厨房，一片接

右 制作土豆鲊
左 将鲊肉腌制入坛

一片地将肉片裹粉叠放——不知道妈妈当时做同样动作时，是否想的也不只是它半年之后上桌的样子，也是会想到全家人咬到第一口时的满嘴香，心里满满的幸福滋味吧。而我现在，不仅会想到妈妈也是为了满足我们全家的喜好之一，还会想到：我自己的孩子，也会爱上这种味道的吧。将来某一天，也会自己亲手做……做的时候，还会想起自己的妈妈现在做的样子，会想到妈妈有多爱自己吧。我准备把每一样做过的食物，记下来，至少留给孩子，万一某个时候用得着呢。就算用不着，于我自己，也是一份爱的表达。

家乡桃源有种专有的美食叫"鲊粑肉"，至今已有2000多年历史了。这真是让我意外地放心了：原来并不是我一个人，也不是我一家人口味奇特，这确是有历史渊源与历史沉积的餐食。在"桃源闲话"博客里，是这样介绍的："鲊肉，学名鲊粑肉，在美食的行列里，它几乎是陌生的头脸。就是在桃源，熟悉它的人怕也不多，我若不是儿时有幸吃过几次，也几乎将之遗弃于某个不为人知的角落。"从前鲊肉一般在插秧时节吃，后来便成了习俗，春节前杀年猪后，将肉鲊在盖钵坛里，留与插秧时节吃。

鲊肉并非家乡桃源的专属美食。海南也有一种叫"鱼茶"的，有多好吃？可以让一个女孩子夸张且接连失态地说给别人听。《海口日报》是这样介绍的：鱼茶，其味酸怪，初尝者，难入口，不适应。一次怯之，二次适之，三次瘾之。究其做法，与鲊肉一模一样。经考证，海南鱼茶来源于"鲊"。什么是鲊？鲊，读zhǎ，是盐腌食品，以鱼加盐等调料腌渍，可久藏不坏，流行于大江南北的糟鱼、腌肉都可称为"鲊"。需要说明的是，只有古代称为"鲊"，现在这些盐腌食品怎么叫的都有，如湖南桃源叫"鲊粑肉"，四川叫肉鲊、鱼鲊、南瓜鲊与苣鲊，黔南三都水族自治县叫酸鱼，侗族叫腌鱼。不管怎么叫，喜欢鲊的一定喜欢酸，一定与他们世世代食鲊有关。海南有鲊，不奇怪，因为海南岛特殊的地理位置，保留了太多古文化精华。（吴新立在2018年7月23日发表于《海口日报》）

鲊在古时候是很普通的菜，《世说新语》中有一则故事说的是鱼鲊。东晋名将谢玄将钓到的鱼制作成鱼鲊，远寄给自己的爱妻。中国古代就有制鲊记载，《齐民要术》记载："鲤鱼切片，撒盐，压去水，摊瓮中，加饭（已拌有茱萸、橘皮与酒）于其上，一层鱼，一层饭，以箬封口。"隋时，鲊是贡品，一次四十陶罐。唐时更为常见。

宋，是鲊盛行的时代，北宋《梦粱录》中就有鲜鹅鲊、大鱼鲊与寸金鲊等。著名的宋人笔记中，有一本记载宋代名人逸事和风俗、物产的《清波杂志》，书中有一个写北宋权相蔡京贪吃"黄雀鲊"的故事。言及蔡太师府中有整整三间房子，从地面到屋顶，堆满了盛满黄雀鲊的坛子。想堂堂蔡太师为之倾倒，装满三间房子的竟是鲊，令人不由慨叹。在蔡京眼里，天下美味虽多，但唯有黄雀发酵的味道最好。到了清代，《食宪鸿秘》中有笋鲊、鸡鲊与柳叶鲊等，用来做鲊的原料很广。

## 从"初心的忘却"回到"最初的欲望"

**欲望的回归：欲望非生物事实，而是文化事实——对本地文化的加固**

从"从前慢"到"而今车水马龙"的过程中，我们渐渐忘却了初心。没承想，疫情非常时期，我们被迫回归最简单的家庭生活，又渐渐回忆起了我们最初的欲望。原来我们在简单生活中对欲望的追求并不会减少。周作人说："总觉得住在古老的京城里，吃不到包含历史的精炼的或颓废的点心是一个很大的缺陷。我们于日用必需的东西以外，还应有一点无用的游戏与享乐，生活才觉得有意思。我们看夕阳，看秋河，看花，听雨，闻香，喝不求解渴的酒，吃不求饱的点心，都是生活上必要的——虽然是无用的装点，而且是愈精炼愈好。"可见，非常时期的回归，跟以往随意选择外面提供的选项不同，我们反而能回归到最初的欲望。那才是最奢侈的欲望，即对小时候对故乡对内心根深蒂固的欲望。这个逐渐回归的过程，其实是故乡文化的加固过程。

费孝通在《乡土中国》中说，乡土社会中个人的欲望常是合于人类生存条件的。两者所以合，是因为欲望并非生物事实，而是文化事实。譬如说，北方人有吃大蒜的欲望，并不是遗传的，而是从小养成的。所谓"自私"，为自己打算，怎样打算法却还是由社会上学来的。问题不是在要的本身，而是在要什么的内容。这内容是文化所决定的。所以，我们回归简单家庭生活中重新选定的欲望，其实是由故乡文化所决定的 。没有传说中唐朝的尉迟恭到桃源为官并为民着想，就不会有桃源的专属美食酢粑肉，就不会有家乡的酸酢肉传统做法，也就不可能有我小时候的这一样美食记忆。没有记忆，从何回忆呢？没有回忆，就没有意识去做，更不可能想到要重新做起来。做起来了，想要传承给孩子就是自然而然的事了。这不就是故乡文化的传承吗？张爱玲在《倾城之恋》里写道："流苏初次上灶做菜，居然带点家乡风味。因为柳原忘不了马来菜，她又学会了做油炸'沙袋'、咖喱鱼。"可见，哪怕是小说里的非常时期，人们的餐桌上也会自然出现家乡的味道。

野夫写《乡关何处》时说："如果我不写出那片土地上的故人故事，有几人曾知那一穷荒僻野，更有何人知道故土上那些真切的荣辱悲欢。如果没人知道那些默默无闻而又可歌可泣的地名和人事，那我若干年的寄生和成长岂不是一种虚无和负罪。到真正树老叶落之时，我确恐无根可归了。"野夫用文字记录下自己的故乡故土发生的故人故事，并且感觉到他内心对故乡的责任意识。而一对日本夫妇，已经在实践中走得更远。

**从食物的发酵到观念的发酵——自然产生信任，自然面对生命**

风吹枯叶落，落叶生肥土，肥土丰香果。
孜孜不倦，不紧不慢，人生果实。
　　　　　　　　　　——引自纪录片《人生果实》

《人生果实》是一部日本纪录电影，记述了津端夫妇的隐逸生活，也叫《积存时间的生活》。有人看完后说，"他们让我不再害怕老去"。

一对90岁高龄的老夫妇，经过多年缓慢勤奋的坚持，建起了自己的庭院。一年四季景致轮换，烹饪、裁缝、耕作就是他们的日常。栽植的上百种蔬果经由英子的巧手变成了佳肴。在历经半世纪的时光后，夫妇俩的勤奋与优雅，为这片净土栽下了无数珍宝。他们的家居处处充满体贴与用心，印证了名言"房子应该是生活的藏宝盒"。

自动放弃大都市的生活，选择这种自给自足生活方式的津端先生曾对自己的太太说："要自己慢慢钻研哦。只要埋头做，去思考，就能发现各种精彩的事。"所以，有一天英子会忽然发出感慨，"自己家真好。在这种安心感中度过每一天，比什么都美好"。也因为这份成就感，两位老人很珍惜身边的器物，大到房屋，小到生活器皿，都是经年累月之物。

他们不轻易买东西，也不轻易丢东西，而是慎重地买最耐用的东西。亲手制作的食物，会邮寄给远方的晚辈，或者分发给邻居。每个月，英子会到城里熟人的商店里集中采购一次。采购回来的食材，在他们品尝过后，津端先生会写信给那些经营店铺的熟人，交流对于食材的感受并表达欣赏感恩之意。津端先生每天会写大概10封信，给很多从未曾见过面、只靠通信往来的朋友。写好后，自己骑自行车去城里的邮局寄出。

日复一日，年复一年，他们自然耕种、手工制作食物。他们在自然获取食物的过程中，甚至也形成了超然的观念。2015年6月2日，津端修一先生在田地里拔完草后午睡，再也没有醒过来。英子很清晰地记着丈夫去世的那一天——他是在睡梦中走的。留下她一个人之后，她决心给自己找事做——做很多果酱、佃煮等食物送给大家。随着时间流逝，那种迷惑和不安总算慢慢消失了。"等生命到尽头变成骨灰，我们一起环游南太平洋。"这是他们生前的约定。生活依然还可以继续下去，这就是人生果实。前人做的一切都要等着后人来收割、来继承，这才是最好的人生果实。

特殊时期，食物从哪里来？

人类的未来，我们到哪里去？

未来的趋势，也许是回到原初的过去。

原初的古老岁月里，我们以低破坏性的手工劳作，从自然获取食物，足够让我们自然地生存或生活。

如何适应？减掉一点欲望就好。其实能收获到更奢侈的享受。亲身劳作，缓慢而坚持地勤劳，让我们身心得到锻炼。减少过多的人际交往，少了很多是非与渴求，身心得到放松，人们回到更多的自然状态。

现代化的各种手段，我们不需要完全放弃。打粉机、磨浆机的使用，可以更容易地获取食物的不同状态；相互的交流，远方的食物，在悠悠岁月里，可以建立信任，从某一个味蕾建立起来的信任，可以推及更多方位的信任。食物来源的相对自给自足，让我们建立信任的过程，不需要太快，也不需要冰冷的条文。

有时候，我们随意丢弃身边的物品，是否因为没有创造过它们，且得到太容易了？

疫情非常时期，餐食回归到家庭餐桌，食物回归到故乡味道，生活回归到与自然的相处。

经年累月，自给自足生活方式下的创造与灵感，亲身经历后的文化回归与传承，这也是《活着》带给我们的启示：苦难的经历也可以充满幸福与欢乐。

（本文图片均由作者提供）

归来，疫期云南食物

李亚枝

红星村全貌

一万年前，我们的祖先放弃风餐露宿的采集生活，把自由的足迹固定在有限的范围里，开始栽培作物、驯养家畜，进入了漫长的农业文明。安定的农耕生活迅速积累起物质财富和人力资源，为文明的兴起奠定了基础。剩余农作物的出现将手工业从农业中分离出来，极大提高了劳动生产率。社会分工和生产力发展促生了人类新的聚落形式——城市。在这个过程中，人群因生产方式和分工的不同得以区分，被打上不同的阶级和文明的烙印，其中最为广泛的区分方式，便是城市与农村。

祖先们满怀信心开疆拓土的时候，或许没有想到，一万年后的子孙后代，不屑于承袭稳定的故土，会再次踏上追逐远方的征程。18世纪后，大工业时代的到来加速了城市的发展，城市对经济的主导作用开始超过农村。20世纪末的中国，城市惊人的生产力通过日渐丰盈的商品和服务直观地呈现出来，珠江三角洲激起的涟漪扩散开来，浸润了中国成千上万传统的乡村。从媒体和互联网获取信息的渠道下沉，原本闭塞的土地陆续听到外界的召唤。面朝黄土的兄弟姐妹收拾行囊，把锄头和镰刀收进农舍，像燕子一样飞进城市的腹地。在比树林还要齐整的钢筋水泥森林，将岁月藏进罐头，锁进裙边。这种大胆的离开起初被认为是危险的、不可取的，因为农民的舞台自然是土地。留下的人面带鄙夷，说外出的人在城里帮城市人捡垃圾和挑大粪。直到一张张汇款单筑起墙白瓦绿的新房，傍晚7点电视机传出的新闻前奏一家比一家大声，捡垃圾和挑大粪开始变成一件荣耀的事情。越来越多的人传回信息，"福特主义"生产模式的全景在村民眼前展开，使他们确信，空有肌肉和力气的庄稼人，不必捡大粪，也能在城市经济有序的结构中找到生计。村子在外界所处的位置被绿皮车的车程变得具体，到广东29个小时，到上海35个小时，到武汉28个小时……原来容纳一个人吃喝拉撒一生的天地，距离富裕和文明的中心如此遥远。土地的养育之恩被无限缩小，贫困和单调在车水马龙的对比中成为不可忍受的槽点。1978年生产队广播宣传"包产到户"的时候，云贵高原上红星村的割裂开始孕育，村民们为拥有土地的使用权而欢呼雀跃，却怎么也没有想到，很多人在不过短短十年后弃土地而去。

留下的人接过被遗弃的土地，决心一展宏图，把花不完的力气拓展到别人的土地

红星村麦田

里。他们拥有了实现夙愿的可能——仓实。这群人多已中年，前半生的时光都在饥饿中度过，在自然灾害时把树薅到精光，吃大锅饭时精打细算分粮。货币于他们而言，像粮票和布票一样只是凭证，而土地从不打马虎眼，春种秋收，实打实地填饱前胸和后背之间的空余。土地在风吹日晒中变成染剂，把他们的身体与自然融为一体，褐色的皮肤是他们依靠土地最好的证明。虽然凭勤奋升起的院墙逐渐在一簇簇新房中显得破败，用力气换来的家什也总比不上别人的新，却肉眼可见放置在自己的土地上，让人安心。虽曾对城市有过羡慕和游移，但骨子里对富足的理解已无法脱离一日三餐，一生安定皆系于米缸深浅。因为仓实，所以幸福，所以选择坚守。

神奇的是，虽然选择不同，村里的人对生计的认知却惊人地一致，把在外打工的、当老板的、体制内的……凡是不以种地为生的人统统称为"包副业的"，没耕地的外出者也会如此自称。至于具体是杀猪还是教书，则不会被继续深究。仿佛只有种地才是主业，离开土地再远，仍是农民。但逃离和坚守，带来了村庄和家庭的割裂。首先是如肤色一般不均的贫富差距，其次是随之而来的价值观念和生活方式的鸿沟。同一个母亲养大的孩子被环境塑造成前途迥异的群体，在逃离的孩子眼里，留下的人是落后且愚笨的，是逃避外界不确定的弱者。而留守者对一切新鲜保持谨慎，看不惯逃离者从城市沾染的铺张浪费、懒散倦怠。他们无法想象，不兢兢业业

夜晚的红星村

遵从勤俭的人生，能有什么幸福可言。互相持有偏见的坚守者和逃离者大多时候相安无事，只在一年一度的春天，在不足半月的时间里，暗流涌动，开展着斗智斗勇的相处实验。这两群人都没有想到，2020年春天的这场战役，比以往都更为持久，给战况的发展增添了更多的可能。

腊月十五一过，夜晚的院子开始一方一方亮起来。在外头打工的人提着大包小包回来，往返于县城的面包车里弥漫着全国各地的气味：广东的腊味、重庆的麻味、大连的海味、北京的皇家味……在外头"包副业"的人，用大半个月的工资，把城市的味道封装进三色条纹编织袋，不远万里带回故乡，串亲访友时拿出来分享。等灯光盖过星光，年味就差不多足了。但直到1月23号，离年夜饭不到24小时，村里有几方黑黢黢的院子依旧没有亮起来——这几户人家在武汉打工。新闻传来消息，为控制新冠疫情，武汉作出紧急响应，全市公交、地铁、轮渡、长途客运停运，机场、火车站离汉通道关闭。这意味着，在武汉争分夺秒劳作到腊月二十八的他们，只能在异地他乡过年了。

大理白族自治州弥渡县的老李家是幸运的，在武汉的儿子、在广州的女儿和在贵州打工的老李都早早归了家，帮着家里的女主人——小燕，经营在村里的蔬果店。春节前后村里人最多，生意也最好。为了买到便宜新鲜的果蔬，小燕每日凌晨两点到

卷一　特殊时期的食物　023

县城的农贸批发市场进货。弥渡县是大理重要的绿色蔬菜生产基地，近两年蔬菜产值能达到23个亿，超过全县GDP的三分之一。为更好搭建绿色蔬菜产业链，县城在环城路边兴建大型交易市场。凌晨一点，大宗交易买家和卖家入市，从农户那里收购来的已经按规格标准分好的大蒜、土豆等被打包装车，趁着夜色上路。清晨八点，蔬菜已经安静地躺在北京、上海、浙江、福建等地的超市货架上。几个小时后，被端上餐桌，在跨地周转的旅程中完成生命的完整轮回。

小燕是这条供给链上重要的一员，至少对于红星村来说。这个村四分之三的耕地都是山地，坡陡土薄，远离人居，只能种耐旱的小麦和玉米，田边顶多只能点几头蒜，爬几架豆，根本无法满足村里八百户人家的口腹之欲。况且在过去十多年里，和小燕一样勤劳的三四个年轻人从县城的市场源源不断地买回村里长不出的各种蔬菜，使自给自足种菜这件事变成了老年人的业余爱好。随着村里到县城13公里的路越修越宽，村里的补给种类越来越多，村民的口味也日渐矫骄。糕点、糖水、速食产品、熟食等这些不属于小农经济的产物统统能在红星村的集市上找到。曾经在村里自豪传扬的"有福之人不赶集"变成现实，只不过含义发生了改变。从前赶集的目的是将自家种的李子、桃儿用牲畜甚至用双肩运去县城交易，是个体力活，所以不用赶集的人是家里不必干重活的幸运儿。而如今，供给者变成了消费者，充盈的供给缩短了消费的空间距离，不用赶集便能获得生活所需。

村里像小燕这样的常驻大菜贩子有4个，每两天进货一次，每次700斤上下。还

凌晨的农贸市场

有零星几个流动的小菜贩子，只卖自家几分地种出的白菜或者萝卜，量在50斤上下。再加上两个豆腐摊子、两个猪肉摊子，几乎完全满足了红星村作为一个农村应有的需求。对外界供给的依赖理所当然拔高了小燕这些菜贩子的地位，红星村四分之一村民一天的吃食，掌控在他们的蓝色三轮车里。大宗买卖结束后，几十上百个和小燕一样的散户在凌晨三点被放入市场，他们丝毫不见夜半袭来的倦意，精神抖擞地讨价还价。在18年的贩菜经历中，村里人的习性被小燕掌握得一清二楚，单斤价格在2块以下的菜是首选，最能被大多数家庭消费；单价3~4块的菜品相非常重要，必须仔细甄别防止买到表层好底层差的"绣花枕头"；单价超过5块的，除葱姜蒜之类的调味品外，需要果断放弃，这不在村民的消费选择中。

为了不在清晨六点的市场缺席，小燕只能选择在孩子的成长中缺席。日复一日的卖货和买货，"抢走"了她孩子的妈妈。她以对时间锱铢必较的智慧，丰富着红星村的餐桌，更供养着自己的家。女儿对此充满怨气，一到雨天就开心的习惯一直持续到成年，因为雨天里母亲无法出门，完完整整属于她，属于家里。虽然抱怨，但也理解，自己身前安定的书桌和千里之外母亲三米见方的铺子紧密相关，摊上的买卖和自己的学业同等重要。知道这一点，你就能理解，为什么疫情到来，小燕被强行休假的时候，她的女儿露出了让人匪夷所思的笑容。1月26号，县城所有大小市场休市，店铺关门。800户人口最大的食物供给来源被切断，小燕的收入来源也断了。没有人知道市场什么时候会重新开放，年前没卖完的菜早已干瘪，却不影响它正常销售，反而还成了紧俏货。库存很快被搬空，餐桌上的盘子越来越少，对食物

小燕在选购货物

卷一　特殊时期的食物　025

匮乏的紧张感开始蔓延。这样的紧张没有困扰女儿，她在一周的时间里，和归来的母亲待在一起，完整地拥有了她。

这样的拥有没有持续太久，或许是身为菜贩子崇高的使命感，又或许是生意人的天性，小燕很快找到了新的替代方案——做豆芽和凉粉。做豆芽的黄豆是从隔壁村种地的姐姐家买的，做凉粉的米是囤着没吃完的，技术是走南闯北学来的。五天后，两种食品都成功上市，一时成了抢手货。消息很快在村里传开，每天都有人找上门来，买上三五斤。小燕每天做50斤豆芽和80斤凉粉，重新开始忙碌起来，家庭的母亲重新成为市场的小贩。与此同时，新的替代方案不断出现，家里有机器的开始制作饵丝，曾经败给方便面的手工挂面开始重操旧业，村里做豆腐的人家开始加大生产，原本荒芜的田地被重新翻整灌溉，冒出星星点点的绿芽。参与这场拯救餐桌运动的中流砥柱，理所当然是坚守在土地上的人，他们在面对食物紧缺时纹丝不乱、从容不迫，照常从事着生产，把产出卖给需要的人。

云贵高原的紫外线一视同仁地对待所有人，从城市车间里归来的男人女人暂时无法回归城市的荫庇。脸上的白色连同矜骄一点点褪去，他们开始回归土地，慢慢显露出本来的底色。精致的都市丽人换下皮鞋，挎着小篮子上山，找一种必须仔细脱去生物碱才能食用的蕨类植物，回来炖老母鸡。学生娃儿下河捞鱼摸虾，以解不能去学校的无聊。云南的"耙耳朵"男人则是拿出看家本领，制作各种咸菜装满阁楼。

1.做饵丝
2.做凉粉
3.做挂面
4.做豆芽

| 1 | 2 |
|---|---|
| 3 | 4 |

右 野外钓鱼加烧烤
左 梨花鸡蛋饼

最可怜的是家养的鸡、鸭、鹅，以迅猛的速度锐减。在城市经济停摆的时候，农村忽然以另一种方式活了起来，仿佛重新回到20年前将大自然物尽其用的时候。大家一同挥舞锄头，一同收割，再一同分享，被相同的生产方式赋予了心照不宣的理解和宽容重新激活。"包副业的"不再高高在上，庄稼汉也不显得灰头土脸，大家又回到了同一个舞台上，不再以对立的情绪互视，而是在共同的语境中对话。

为讨生活奔走四散的兄弟们重新围坐桌前，就着带回的特产下酒，讲述在外的经历；爷爷辈拥有了向孙子追忆饥饿往昔的机会；各自分开求学与谋生的女儿和母亲再次相互拥有；土地植入身体的联结将大家重新召回……家庭的割裂和故乡的割裂被重新弥合，疫情下农村食物供给的断裂以惊人的速度复原，向我们展示了人类对活着这件事的态度——风霜刀剑，坦然应对。社会的变迁，频发的自然灾害，曲折的摸索和摔跤，从未将生活的火种浇熄。疫情下对食物匮乏充满智慧的应对方案，体现了村民们对美好未来毫不懈怠的向往。无论是"包副业的"的逃离，还是菜贩子小燕对家庭的逃离，最终的指向都是追求更好的生活，拥有属于自己的一方安定。从这个意义来说，对匮乏的逃离，何尝不是一种对人生更好的回归呢？在归来的路上，所有人都紧抓着生活的缰绳，在自己的舞台上努力地生存和耕耘着。心怀信念，坚信只要土地尚存，就能孕育新的可能。

谁又能说，一万年前最先提议尝试定居的祖先，放弃已经熟练的渔猎生活，不是一种无畏呢？

（本文图片均由作者拍摄并提供）

# 三生相

## 疫情期间湖北城乡餐食

朱怡

### 一、2020年1月10日 汉口聚会

每到新年伊始，我们便会用火锅开启新的一年。在这个世纪的第二个十年，我们照例在汉口朋友家涮肉，聊着新年计划。红汤翻滚，羊肉、牛肉、土豆、生菜等像是在赴一场温泉盛宴。彼时彼刻，我们就像歌里唱的"Never knows tomorrow，且让今日来醉，今日的酒"，Bobbi、晓宇还有我在酒足饭饱后相约过完年一起去武汉最好的川菜馆"金色雾都"觅食。

### 二、2020年1月20日 返回宜昌

和往年一样，在除夕前几天我家会驱车回宜昌老家过年，这次选择回乡下外婆家。现在回忆起来，当时选择去乡下是一件多么明智的事情。和大多数老人一样，在失去另一半后，外婆选择一个人独居，日常照顾着她后院圈养的3头猪、到处乱窜的6只老母鸡，还有离家不远的几亩地。每年过完年回武汉，外婆总要在我们车后备箱中塞满鸡蛋、时令蔬菜，以及新鲜的猪肉、鸡肉，这是外婆留给我们的乡愁。

### 三、2020年1月23日宣布封城

一觉醒来后，微信消息爆炸，大多数消息凝结为："你在武汉吗？你还好吗？"回完消息后慰问了一下在武汉的Bobbi和晓宇，Bobbi成了独身在华科住宅区的留守人，晓宇则和父母还有外婆待在汉口家中，无法想象前不久还在一起聚会的三人一下被分隔三地，之前说的"年后一起聚餐"变为我们互相给对方打气的"三月见""四月见""五月我们一定能够见"。在空间距离上被隔离的我们，和线上办公一样采取了群语音、群视频约饭喝酒的方式。在一片片孤岛中，我们利用互联网构建了所谓的"附近"和"真实"。

## Bobbi：食物是一封家书

居住在大学校园中的Bobbi和在汉口某小区的晓宇以及在乡下的我，获取食物的方式以及食物承载的意义并不一样。一日三餐对于Bobbi而言成了每日在家庭微信群必发的"家书"，用来证明她过得很好。

在起初疫情感染数字激增和购菜方式单一的情况下，Bobbi只是在煮粥和面条间变换保持果腹感。那段时间，城市成了一个房间，房间成了一座空城。醒来的日子被清淡的食物、疫情相关消息的轰炸，以及平静地向家人更新自己的状况所填满。后来学校组织了自己的购物平台，也有老师们加入了志愿者团队中，帮忙将大家团购的菜送到楼下。每周下楼取菜成了Bobbi最好的放风活动，雷雨天、下雪天、大晴天都成了在楼下等待的瞬间真实。而回到房间中，看着窗外就像看着画框中的风景一样。随着其他外送平台例如盒马的开放，她可获取的食物逐渐变得更加多样，每天定好闹钟进行抢菜大战，这和他人抢时间的博弈，仅仅三十秒可能就会与购物车中的货物失之交臂。之后随着线上开工，被焦虑和假装平静占据的时间开始转移给了工作。在醒来的日子中，食物成了忙碌工作的调味剂。从一天的疲惫工作中抽身，总会倾向于给自己做一顿相较于粥和面条更为丰富的晚餐。

卷一　特殊时期的食物　　029

每当Bobbi拍完照发给我们时，看似简单的食物、盘子上的花纹都向我们传递出这个春天我们在一起的信号。相比于在一家四口中的晓宇和在乡下大家庭中的我，Bobbi说她享受这样的清静。这孤寂的100天，加深了她对普普通通的锅碗瓢盆的情愫，也让她沉浸于用洗碗布和水流，把一切还原。

**晓宇：买菜是一场游击战**

我问晓宇，缺少高校这样相对而言组织和分工都很有效的平台，你们的购菜方式有什么特别之处吗？他用了一个特别的比喻说："我们买菜更像是一场游击战。"

晓宇家离一家大型生鲜蔬菜水果市场非常近，但在整个城市处于封闭状态后，原先的触手可及变得无法想象，起初唯一的依靠是小区安排的集体采购，供应的只有蔬菜包子、土豆、猪肉、大米、面条、食用油。每晚8点，便是大家集体排队等号拿菜的时刻，居民们戴着口罩，讲究一些的穿着防护服（有的穿着雨衣）、戴着护目镜（或墨镜）和手套，隔着一米的社交距离，战战兢兢但又十分渴望彼此产生互动，于是拿完菜后的互相点头便成了彼此心照不宣的打招呼方式。

由于离市场较近，社区中较为活络的居民平时便与商贩们建立了联系。在这段特殊时期中，年深日久建立起的联系再次派上了用场。大家私下重新搭建了供应链，仰仗着冒险送货的商贩，满足了集体采购之外的生活之需。

晓宇讲述的一次买草莓的经历，我至今记忆犹新，真的是好一场"游击战"。水果在平时司空见惯，而疫情期间则放大为难以采购的奢侈品，一筐草莓，让他们等待了整整两天两夜。在这种非正式交易模式下，小贩要穿越城管的监视和小区保安的监控，对接的时间和地点一再变更，直到最后领头团购的邻居将水果分别挂在各家门口。晓宇说，那时的武汉像是广袤的走私海域，小区是孤立的岛屿城邦，小贩和邻居们则冒着风险、撑着补给小舟穿梭在这片海域之上。

**我：定时的饭菜是模糊时间感的提示器**

外婆一般在早上6点便会起床，用一把和她差不多高的笤帚打扫院落，然后喂鸡喂猪，奔波在老家四合院的房前屋后。在管制不太严时，外婆会蹬着她的三轮车去鱼池边的田里摘两把菜薹。她总说我在武汉生活久了，一定爱吃菜薹，所以在我们刚回老家的两天，她非常乐于带我饭后遛弯去看她日常忙碌的战果。武汉作家池莉说菜薹是她对武汉最深的眷恋，甚至在文中提到："假如你没有吃过菜薹，无论你是谁，无论享有多么世界性的美食家称号，无论多少网友粉丝拥戴你为超级吃货，我都有一个好心的建议，先，赶紧，设法，吃吃菜薹。"可见菜薹之于一些武汉人，某种意义上有点像人们提到武汉便立马想到热干面一样。

在我还没有正式开始线上复工时，作为家乡人眼中的武汉人，我们也渐渐成了大家眼中的异乡人。起初我们都在内疚，认为我们不应该回来。从原本可以满足日常需求的15分钟生活圈活动范围到现在的四合院漫游记，始料未及的情况让空间和时间都在我这里渐渐变得模糊。看着外婆沉浸在一片绿色的菜薹波浪中，看着这表皮深紫发亮、薹芯碧绿的带有武汉意义的食物，那一瞬间我恍惚以为回到了武汉。

相对于Bobbi严格的下楼取菜和晓宇的"游击战"，我们家的食物储备简直可以称得上富足。由于家里的老一辈经历过饥荒年代，他们已养成长期囤货的习惯，对于食物的紧缺危机也持续存在于日常生活之中。特别是过年期间，湖北人多爱囤积腊肉、腊鱼一类可以长期储存的食物。这些被我日常嗤之以鼻认为不新鲜的食材，却在这段时间给我提供了莫大的安慰。有时候天气好，我看着院里晾晒的腊肉，阳光照射在凝结的油脂上的反光仿佛传递了点点希冀的光斑。家里的两台冰柜塞满了年前外婆还有小姨一家为了迎接我们回来专门宰杀的猪肉、鸡肉、鸭肉等。蔬菜更

右 外婆在院里种的梅花和蔬菜。食物和花，就像两种贴切的隐喻：一种是眼前的生活，一种是浪漫和希望

左 外婆的几亩良田

不用说了，近在院内就种植着外婆平日栽培的蒜苗、大白菜、豌豆苗等，外出没多远就是外婆的几亩良田。之前在国外做项目时，在某些城市设计项目中会提到打造都市农业的平台，然而这次，方圆几百米内外婆就给我们营造了一个自给自足的生活圈。之前总想着通过设计的手法或者系统的搭建去创造更好的景观，现在看着外婆亲手搭建的小世界，我才恍惚感知到，真正生活化的景观并非那些宏大的叙事，而往往便利的日常、切身的体验才是我们需要身体力行营造的微生活。

这次大家庭被困在一个有限环境下，我们生活和精神上的"附近"也通过食物被逐渐构建起来。以往餐桌是我们话题发生最为密集的场所，而现在准备食材、下厨做饭、打扫卫生的环节成为了我们这种聚少离多的家庭所共有的生活主旋律和共有的时间感。餐桌上的活动，从先前的社会性讨论环节转变为满足我们每个人身体需求的功能性活动。针对每日的必需活动，我们的家庭关系一下被系统地整合在一起。大家如同成立了一个"家庭公司"，家里的主厨小姨便成了家庭公司的CEO。我们每个人都在这个公司中努力地扮演好自己的角色，都希望远离外部纷扰，在内部世界构建和谐。食物对于我们而言也不再是食物，更像是我们一起完成的每日项目和KPI。为了出色甚至有些创意地完成工作，在有限的条件下，即便可用的食材逐渐转为时令化、本土化、简单化,我们却开始利用现有材料和工具尝试颇富创造力的生产。年轻一辈的妹妹和我打开抖音学起了做电饭煲蛋糕,爸爸妈妈、小姨姨爹也成了面点大师,包子、馒头、饺子、花卷、油条在某段时间成了我们家的抢手货。有一天他们甚至自制了记忆中的童年美食,土话叫"炸川川"(因为形状类似"川"字),做法和油条类似,只不过在捏形状时面团更细更小。压扁后用刀划两个口,拿起来面片从下端穿过其中一个口就成了一段缠绕的形状,下油锅不一会儿就成了金黄的"川川"。出锅趁热撒上些许白砂糖,我妈兴奋地拿给外婆看:"妈,您看像不像我们小时候您做给我们的美食?"各家都在发生着同样的变化,朋友圈看到的内容逐渐从对疫情的担忧转变为大家的美食秀,面粉、酵母成了继口罩、消毒酒精后再次脱销的物品。

从宜昌到武汉再到过年回宜昌探亲,作为长江边长大的孩子,对于新鲜鱼类的渴望成了隔离期间的莫大奢望。在周遭情况稍微好转,宜昌逐渐开放后,姨爹带着妹妹和我前往自家鱼塘钓鱼。运气好时我们可以钓到一满水桶的鱼,主要是柴鱼、鲫鱼和刁子鱼。大多数情况下吃不完,我们便会拿去分给周边的邻居。在过去60天后拜访邻居,我们总笑称"没事,我们武汉回来的早过隔离期了,放心吃吧",邻居也会马上拿出自家种的蔬菜、水果等。大家仿佛一瞬间回到《请回答1988》里的大院生活,邻里的互送有无让我再次找回故乡的熟悉感。不是从市场直接拿到宰杀好的食材,这次我们一切从头开始。从鱼塘钓完鱼后,把鱼放到案板上,刮鳞、去鳃、剖开鱼肚、清内脏,像做一场完美的解剖手术。时隔两个月再次吃到新鲜的鱼,味蕾刺激着大脑回忆起之前稀松平常的与吃鱼、江水、故乡、他乡有关的故事。时间的痕迹,悄然浮现;时间的能量,浸入人心。

右 爸爸做的「炸川川」
左 我的首个电饭煲蛋糕

卷一 特殊时期的食物

有时候天气好，吃完晚饭大概傍晚6点，会看到令人心情愉悦和舒展的落日晚霞，不一会儿星星们也都冒出来了。曾经历的故事随着时间沉淀堆积，形成的人文景观像走马灯一样浮现在脑海中。

我记得上次宅这么久的情况还是在我确定工作以前的一段放空时间，大概有5个月。其间去温州朋友家待了一个月，帮助建设她家的农场，每天过着6点起床、搬砖、砍竹子、探路、设计场地、刷墙等类似于李子柒的生活。当然那个时候李子柒也还没火。我们几个笑称在过乡村低配的"一条"版生活。有次我们早起去砍竹子，回来我突然中暑，阿姨给我灌了杯杨梅酒让我瞬间精神了，那个时候才知道原来还有这么硬核的解暑方式。下午4点左右山里还会迎来一阵暴风雨，我们几个嗷嗷地跑上楼收衣服。有一天晚上停电，我们就在天台唠嗑，还在网友家的酒窖里打了一堆酒上来，杨梅酒、桑葚酒、葡萄酒等。都说果酒度数不高，呸，喝完几杯我就上头了，指着天空说星星可真多啊，朋友说城市里看不到星星是因为城市灯光太亮了。食物、酒精、星空这些痕迹，并不只存在于过往，也是我们当下正在经历的，同时也是未来的延续和折射。看似渺小，但都在细枝末节上构成了对于我们而言时间上的景观。

右　回武汉后眺望东湖
左　在故乡拍到的夕阳

右　拿上取餐牌等待食物

左　三镇民生甜食馆门口排队买早餐的食客和等待任务的外卖小哥

## 四、解封后的武汉：城市从过早的香气中苏醒过来

年初聚会我们相约要去武汉的老字号川菜馆"金色雾都"吃饭，可惜解封后就传来了菜馆倒闭的消息。于是我们把第一次相见和外出觅食定为了相约一起过早（武汉话，意思是吃早饭）。后疫情时代的第一次相见，我们越过道路两边的蓝色塑料围栏，越过曾经清晨熙熙攘攘而如今弥漫着消毒水和酒精气味的街道，越过这近四个月的光阴。我们扫码登记自己的绿码，喷消毒水，走进这家老字号早餐店，报上久违的想吃的早饭，手机刷码支付，拿上取餐牌取到食物，走出店站在街边外食。这一曾经日常无比熟练甚至已经形成肌肉记忆的过程，在那一瞬间竟然有了某种仪式感。我和晓宇端着面坐在外面的窗台上，隔着大概一人的社交距离，聊着疫情期间的故事。在这后疫情时代的早晨，一切都显得如此珍贵，春天和城市从这一刻都复苏了。

（本文图片均由作者提供）

# 卷二 食之道

食宜有礼 2010年代新素食运动　简艺

素食的公正与慈悲　蒋劲松

# 食宜有礼

## 2010年代新素食运动

简艺

"2010年代新素食运动"是笔者提出的一个假设，它建立在素食运动的三个特征之上：第一，"素食"与"肉食"的对立两分出现在宗教之外的大众语境并且得到广泛传播；第二，素食并非只是服务于"养生"或者"修行"的一个途径，相反，它成为所有路径（修行养生、动物权利、营养健康、环境保育、社会公正等）的汇合点；第三，以践行和推广"素生活"（并非佛教群体的分支）为特点的社群开始形成并且扩大。

2010年代，以一些素食微信公众号为首的自媒体乘互联网东风，为推动素食运动在全社会大声地鼓呼。这些公众号粉丝量大的能到数十万，可以说中国大陆几乎每一位素食者都订阅了其中至少一个。与此同时，全国素餐馆也实现前所未有的增速，整个2010年代的增速可以达到之前的数十倍。这场运动受到营养学研究、公共卫生学、环境科学、动物伦理、生态农业、反消费主义大众文化的启迪与影响，借助科学最新成果和互联网媒体反对迅速增长的工业化肉类生产和消费，部分融合同时期兴起的灵修、"国学热"和文化保守主义，同时力图突破宗教话语，在后工业文明思想和传统文化之间谋求构建新的大众话语系统。

相对于发轫于清末民初的中国近代第一波素食运动而言，2010年代的素食运动是中国近现代历史上的第二波，是故笔者称其为"新素食运动"。

1910年代以伍廷芳、孙中山、南洋烟草公司简氏兄弟为代表的第一波中国现代素食运动的先驱恐怕难以想象，他们的思想和实践需要整整100年之后，才能在中国"70后""80后""90后"为主体的后代那里得到回响。

尽管有着诸多相似，两波运动的最大区别在于：第一，第一波素食运动主要由彼时的政治精英、革命领袖、商业精英推动，而第二波运动的主导则在民间。第二，清末民初的第一代素食推动者关注的是建造现代国家以及改造国民性，使新的民族国家在当时零和博弈（zero sum game）的国际竞争中立于不败之地，在这一点上他们与其反对者（认为素食传统使中国落后的人）其实是一体两面。而第二波运动则发生在中国建立起世界最大的工业生产体系、成为全球第二大经济体以及全球最大的食物生产和消费国之际，是对日益凸显的消费主义弊端、全球健康危机和"人类世"（anthropocene）的生态危机的回应，其本质是谋求人类普遍价值、合作共赢（win win），而非国与国之间的相互竞争。

第一代素食运动在20世纪三四十年代逐渐消亡，比较当时推动者对国家未来的想象和接下来100年中国国运的曲折，不禁令人唏嘘。如今第二代素食运动未来前景如何，还需在未来岁月中揭晓。但这一波运动的结局很可能在一定程度上关系人类文明的整体命运。

本文不求中立、客观、全面，仅以运动参与者的第一视角，回顾2010年代中国大陆地区新素食运动的进程，反观其得失，并对未来发展加以展望。本人于2009年拍摄纪录短片《何以为食？》时开始关注食物议题，那时候"肉食"话题既没有进入大众话语，也没有进入纪录片工作者的视野。在拍摄过程中，基于对环境议题的关注和养殖行业的观察，我发生了难以置信的转变：先是成了素食者，到2014年成为纯素者，并创办"何以为食"微信公众号，又于2017年发起中国生物多样性保护与绿色发展基金会"良食基金"。我是"新素食运动"的见证者和主要参与者之一。

## 素食与"主义"

素食成为"主义"是拜外来文化所赐。香港大学历史学者梁其姿在其论文《建造或转化素食中国》（*To Build or to Transform Vegetarian China*）中提到，在传统中国社会，"素"对于士人阶层而言意味着使身心"轻盈"、利于养生的食物，固然以植物为主，但并不完全排斥肉类。乃至在佛教语境之外，汉语语言并未对植物源食物和肉食二者之间作清晰的划分。

而素食成为"主义"来自19世纪的西方社会。"vegetarian"一词在1849年被创造出来，结合了"蔬"（vegetable）和"支持者"（-arian）。而"vegetarianism"（素食主义）中的"-ism"（主义），孙中山在《民族主义第一讲》里是如此阐述的："主义就是一种思想、一种信仰和一种力量。大凡人类对于一件事，研究当中的道理，最先发生思想，思想贯通以后，便起信仰，有了信仰就生出力量。所以主义是先由思想再到信仰，次由信仰生出力量，然后完全成立。"

由此可见，当素食成为主义，它就有了一套自己的思想。营养健康、心灵修炼、生命伦理、生态可持续，都成为此素食主义体系的一部分。这种自洽的意识形态与中国传统社会士人阶层的养生"素"以及汉传佛教"戒杀"所引申出来的"净素"都有相当的区别。

"2010年代新素食运动"同样有着非常深厚的国际渊源。与伍廷芳等第一代先驱一样，不少第二代素食运动的推动者从一开始就是受到当代科学和哲学启迪，并从中寻找理论支撑。从世界范围来看，1970年代的两本划时代著作奠定了今后全球素食运动的格局。首先是1971年出版，发行量达300万册的弗朗西斯·莫尔·拉佩（Frances Moore Lappé）的《小星球的餐食》（Diet for a Small Planet）。该书指出全球饥饿问题并非由食物不足导致的，而是与肉食生产有极大的关联，并试图将个人食物疗愈与社会公正结合起来，成为环境素食主义的开山之作。紧接着1975年，牛津大学毕业的澳大利亚哲学家彼得·辛格（Peter Singer）出版了《动物解放》（Animal Liberation）一书，从生命伦理的角度反思西方工厂化养殖体系的伦理困境，并且使得牛津大学学者理查德·D. 赖德（Richard D. Ryder）创造的"物种歧视"（speciesism）的概念深入人心，成为全球动物解放运动的理论源泉。它的意义在于使得对动物生命的关怀突破了传统宗教、灵性修炼的话语系统，找到世俗价值的落脚点。

然而20世纪70—80年代，中国大陆与全球环境伦理、生命伦理、反消费主义文化尚无对接点，消费主义的弊病、健康与生态双重负担以及全球素食运动的传播，要待市场经济改革十余年之后的2000年才开始逐渐展现影响。

## 为什么是2010年代？

2009年拍摄《何以为食？》纪录短片的时候，本人发现一个有趣的现象。当时50岁以上的被采访者不约而同都会提到1984年洛杉矶奥运会。20世纪80年代初正是电视机进入中国普通家庭的时期，也正是这次奥运会实况转播，让很多平时没有机会在大街上见到外国人的国人目睹了外国运动员的风采：更高、更快、更强。我的采访对象对美国女排运动员印象尤其深刻，并由此感叹：美国人吃牛肉、喝牛奶所以又高又大又强。但是那时候的中国居民不太能意识到的是，他们看到的奥运会赛场中的美国运动员与美国大街上的普通美国人在身材体形和健康水平上都有很大差别。

另外，据称源自日本的"一杯牛奶强壮一个民族"的口号，夹杂着商业的诉求，以及东亚民族一个多世纪以来改造民族身体以实现"现代化"的需求。鼓吹全民喝牛奶的幕后推手们总是以欧美白人的体格，甚至直接用广告模特或演员作为证据，却选择性地忽视经济"欠发达"且肤色较深的居民有着更为悠久的饮奶历史（中国奶制品广告几乎从未使用过南亚模特或演员）、忽视汉族传统上从未有全民喝奶的主张，也不提及西方学术界对高饮奶与高骨折率（也就是更脆弱而不是更强壮）之间的强关联的研究。

无论如何，吃牛肉、喝牛奶这种摄入高动物蛋白的饮食方式与西方人更高大体格的因果关系一旦建立，改革开放带来的经济增长自然就会推动动物蛋白消费的急剧增长和大规模工业化养殖业的兴起。

2000年，中国经过一段时间的经济高速发展，环境代价开始逐渐显现，公共健康领域也在发生变化。食物营养逐年下降造成隐性饥饿，生活方式导致的慢性病逐渐成为主要疾病。与此同时，农药、化肥、除草剂的滥用以及工业化养殖场的抗生素、激素、重金属的富集与残留也反过来侵害公众健康。公众对于食品安全的不信任与日俱增。

佛教和国学则在此时迎来了新的发展期。VCD（后来是DVD）播放器在一定程度上促进了讲经的普及。除了新媒体的助力，佛教寺院也从21世纪初开始纷纷举办"夏令营""禅修营"等广纳信众的活动，这些活动在2010年代达到高峰。

佛教在这个时期的发展对之后的新素食运动主要有两方面的推动作用：

第一，佛教传统的"放生"活动迅速发展成为大规模的产业。然而，大型放生活动给环境和动物保护造成的负面效果很快显现。环保机构的反对和佛教团体自律的增加促成用素食替代放生，作为"如理如法"的"餐桌上放生"的优势与日俱增。

第二，佛教群体对国学热的推动，为非佛教信徒和对科学主义乃至西方现代科学本身存疑的素食者提供了新的精神源泉、支撑点和表述可能。

与此同时，国际范围的素食主义在21世纪初也有了新的发展。2003年，北美两个主流的膳食营养学会相继发布重磅声明，认为"规划得当的纯素膳食"（well-planned vegan diets）"适合人类所有的生命阶段"。2005年的纪录片《地球公民》（*Earthlings*）和康奈尔大学营养学教授坎贝尔博士（Dr. Colin Campbell）的巨著*The China Study*（在中国以汉译名称《中国健康调查》或《救命饮食》为人所知）分别面世，为工业化养殖场令人震惊的残暴和植物饮食（也是从这个时期开始，"植物饮食"的概念进入汉语语言）的健康益处提供了视频和学术的证据，成为2010年初中国新素食运动推动者的必看影片和必读书。2009年出版的书《吃动物》（*Eating Animals*，作者：Jonathan Safran Foer）、2011年的纪录片《餐叉胜过手术刀》（*Forks over Knives*）、2014年的纪录片《奶牛阴谋》（*Cowspiracy*）等在美国乃至西方社会引起了巨大反响。

有研究显示，美国素食者当中有70%的人是因为看过一部纪录片而开始吃素食的，21世纪初数字录像机的普及和影片制作的便利对素食运动的推动可见一斑。

相比之下，中国大陆地区没有诞生一部塑造大众对素食领域认知的书或纪录片。本人认为，其背后的原因一方面是时至今日，食物议题尚不为中国知识阶层、创作者甚至公益领域所知；另一方面是因为中国国内学术界在相关议题领域产出不多，能够给予写作或创作工作提供的研究支撑非常有限。

2000—2010年，全球素食运动的扩张，与全球健康研究和环境研究的推进以及民众动物福利意识的提高有着不可分割的关系。早在十几年前，联合国政府间气候变化专门委员会（Intergovernmental Panel on Climate Change，缩写为IPCC）就建议将"少吃肉"作为减缓气候变化的三大关键行动之一。

而2019年年初，著名的《柳叶刀》杂志发布的《人类世的食物：EAT–柳叶刀委员会关于可持续食物体系中的健康饮食报告》（简称《EAT–柳叶刀报告》）指出，在2050年地球人口达到100亿时，人类如果希望保持在星球安全边界线（planetary boundaries）之内的话，必须采取三大行动，其中最重要的一个即"大规模转向植物饮食为主"的"膳食转变"。从2018年以来，全球范围内关于食物体系转型（food system transformation）与气候变化的科学报告陡然增多，超过2018年以前的报告数量总和。这些顶级的科学期刊、委员会、研究机构发布的报告几乎毫无例外地将食物体系转型作为减缓气候变化的最重要手段（或之一），其中以大量增加素食、减少肉食为代表的膳食转变（dietary shift）至关重要。

以上种种，都成了中国新素食运动的科学注脚和时代注脚。

## 得与失

2010年代（尤其是后半段），素食在全球逐渐走入主流。《经济学人》（*The Economist*）杂志将2019年命名为"纯素者之年"。2016年左右诞生的"替代蛋白"（alternative protein）概念开始在2019年引爆，"植物肉""植物蛋""植物奶"在股市和市场非常抢眼。2010年代末期涌现的诸般新事物与欧美国家乃至中国不断壮大的素食运动一脉相承，其底层逻辑非常清晰：减少乃至帮助人类摆脱对动物蛋白的依赖，是21世纪接下来的人类社会应对自身生存风险（existential risks）的重大课题。

在中国，新素食运动尚未呈现西方世界中素食主义对社会肌理的多维度、多角度剖析、批判与改造，还需要时日去创造更多的精神资源丰富自身乃至补益给其他社会领域。这段时期的中国素食运动具有以下特点：

第一，突破宗教素食传统的努力。对于以科学和伦理为指引的素食运动引领者而言，传统的宗教素食文化既是一种文化资源又是一种历史负担。引领者时时保持警惕，不让传统的抑或新兴的宗教话语再次支配运动，从而掉入宗教传播范畴，也不希望大众"误解"二者的关系。

第二，积极构建大众话语体系。词汇是思考的工具，也是构建话语体系的基石。然而，语言的"拧巴"在新素食运动当中一直存在。"素"是被使用最多的相关汉字。然而如学者分析，"素"字在佛教之外的士人阶层更多是描述一种"轻食"，并未完全排斥肉类。故唯有佛教团体对"素"字的使用才最贴近现代素食主义运动里与肉食对立两分的vegetarian或vegan。然而，使用佛教语境的"素"又不利于素食运动突破宗教范畴。因此，新素食运动面临着一个"文化翻译"的任务，需要一直翻译、引入、调整核心词汇。

第三，尚未与更大的政治、社会、经济、文化语境结合以推动"食物体系转型"，因此资源调动能力和社会支持度尚有较大提升空间。为了连接更多利益相关方，今后的推动者应尽量避免倡导单一议题所招致的偏执、争议和对立。

第四，推动形式相对单一，主要着眼于消费者的教育与转变，几乎都以社交媒体宣传和素食餐馆的建立为宣传途径。公众号的内容生产到了一定时候会出现新内容制作的瓶颈，也会逐渐难以突破固定的"圈层"。素食餐馆的普及虽然增加了食物选择的丰富性，让素食者的社交变得更容易，然而开办素食餐馆一旦成为大部分人参与推动素食的唯一方式，必然造成遍布各地的素食餐馆经营困难，对于大众以及投资人的信心和热情都将产生负面影响。

本人认为，无论出于何种目的，保护人类健康、生态环境以及改善动物处境，都要求我们团结最大多数人、用最快方法去推动事业。但如果设定的目标是100%纯素——素食圈以外的绝大多数人难以认同，我们就永远无法找到一个绝大多数人（无论是不是素食者）和机构都能够认同的目标并共同为之努力。这或许是新素食运动在进入2020年代后最迫切需要去改变的。

# 素食的公正与慈悲

**蒋劲松**

素食作为一种特殊的饮食方式，具有鲜明的伦理和宗教色彩，彰显对人与动物关系的深入思考和情感关怀，体现了人类对正义的不懈追求，反映了悲悯生命的深刻关切。这种慈悲精神，不仅超出了饮食活动的范围，甚至超出了人与动物关系的范围，在更为宽广的领域中持续地产生影响。在我们这个时代，素食弥足珍贵，值得思考和推广。

## 一、素食催生了"动物伦理学"

### 动物解放

很少有人会想到，素食居然可以说是"动物伦理学"这门学科兴起的直接诱因。20世纪两位最有影响的动物伦理学家——彼得·辛格（Peter Singer）和汤姆·里根（Tom Regan），他们的研究路径并不相同，在具体论证和观点上也存在分歧和争论，但是他们在动物保护的基本态度上是一致的。他们都主张彻底的动物保护观，主张动物与人类平等，反对为了人类的贪欲和利益而伤害动物。按照他们的观点，人类应该素食。不仅如此，其他伤害动物、剥削动物的做法，如动物表演、动物实验、把动物囚禁在动物园中、用动物皮毛制作皮草等人们习以为常的做法，都应该彻底废除。值得注意的是，他们之所以能够创立自己的学说，细究起来都是因关注素食而引发的。

1970年秋，彼得·辛格在牛津大学读研究生，专攻道德与社会哲学专业。他在与素食者同学共餐时顿悟，为口腹之欲而食肉，动物在生前是在何种条件下生活的。经过与多位素食者长期交流，辛格意识到，他正在通过吃肉而参与着人类对其他物种的系统压迫。

上述几位启发了辛格的素食者，合作编辑了《动物、人与道德》（Animals, Men and Morals）一书，而辛格则于1973年4月5日在《纽约书评》上发表了一篇名为《动物解放》的书评。这篇书评产生了热烈反响。随后，辛格撰写了一部专著，系统地论述了动物伦理学观念，这就是动物伦理的经典著作《动物解放》（Animal Liberation）的诞生。

辛格教授的伦理学立场是效用主义（过去大多译为"功利主义"），这个立场认为在对行为进行善恶判定的时候，要以此行为所涉及的个体之苦乐感觉的总和变化为准。增加痛苦的为恶，增加快乐的为善，且每个个体的苦乐感觉应当同等视之。效用主义在近代影响很大，但是，大多数人并未想到，这个立场完全可以运用于人与动物的关系上。这样一来，许多行为的善恶就完全逆转了。比如，家里来了客人，好客的主人杀鸡宰羊款待，这个行为通常会被认为是一种"善"的行为。但是，如果我们不仅考虑主人、客人的快乐，还把被宰杀的鸡、羊的痛苦也考虑进来，而且赋予同样的权重，就会发现这是"恶"的行为。因为，主客饕餮一顿的快乐，远不及鸡、羊惨遭杀害的痛苦强烈。

大多数人，包括许多伦理学家，以往都会认为动物不在我们人类的伦理关怀范围之内，伦理学的原则也并不适用于人与动物的关系。但是，辛格教授认为，这是一种在物种之间的歧视，就像种族歧视、性别歧视一样，毫无道理。辛格教授通过详细的论证批判了"物种歧视"的观念，成功地让学术界和普罗大众认识到这种观念的错误。我们必须考虑具有感受痛苦能力的所有生命个体的利益，而不能仅仅考虑人类成员的利益，更不能为了人类成员无足轻重的利益来牺牲非人类动物的重要利益。

**动物权利**

汤姆·里根是北卡罗来纳州立大学的哲学荣誉教授，动物权利论的主要宣导者。他开始关注动物伦理学的起因是反对越战，里根想证明反对越战的青年人有拒绝服兵役的权利。在研究相关哲学文献时，里根阅读了素食者"圣雄"甘地的自传。他觉得，甘地的书向他提出了尖锐的挑战，即他怎么能在牺牲者是人的时候就反对诸如越南战争这种不必要的暴力，而在牺牲者是动物的时候却支持同一种不必要的暴力！里根意识到，自己吃动物的肉无疑就是在支持对它们的屠杀，他后来观看猪、鸡和牛被屠宰的场面，目睹了这种可怕的杀戮。

同时，他也开始了解营养学的知识，知道良好的健康并不需要通过吃肉来达成。所以逻辑就很清楚了：为食物而暴力屠杀动物是不必要的。他开始思考这样的问题：

我手中的刀叉是和凝固汽油弹一样的暴力武器吗？出于伦理考虑，我应该成为一位素食者吗？

此时，他们家养了13年的狗突然死亡。他和妻子都很悲伤，怅然若失。从甘地的书中，他知道印度有些人对于吃牛深恶痛绝。他意识到自己对于猫和狗有同样的感受，他决不可能吃它们。但是，牛与猫和狗之间真的有那么大的区别，要使用不同的道德标准吗？猪的情况呢？最后他的选择是：承认不该吃猪、牛、羊、鸡等农场动物。

里根教授的伦理学研究之路是从权利论出发的。就像所有人都有人权一样，他认为动物也有动物权利。人们应该尊重这些权利，而不能为了人类的利益随便杀害、囚禁、折磨动物。换言之，我们应该平等对待动物，动物的利益应该与人的类似利益具有同等的重要性。我们不能为了贪图口腹之欲将动物杀死，因为这样，我们就侵犯了动物的权利。

动物之所以拥有权利，是因为它们也是生命主体。它们不仅仅是这个世界上活生生的主体，它们还能够意识到这个世界。作为生命主体，它们不同于活着或者死去的植物，它们有自己的生活体验，它们能够过某种对自己来说或好或坏的生活；从逻辑上讲，这种生活独立于他人对它们的评价。

里根接受动物权利的观念，接受素食主义，一方面是甘地生活和思想的影响，另一方面是因一位四条腿朋友的生命和死亡。理性的思考和感情的冲击，激发他开启扩展动物保护意识的旅程。他的第一步改变是对人类食物来源开始伦理的反思，随后又扩展到动物实验、动物园、马戏团、钓鱼，以及毛皮等多方面的议题。里根将权利的概念从仅属于人扩展到了作为生命主体的动物，不仅给动物保护运动提供了有力的理论武器，也显著地加深了对于权利的理解，极大地推动了权利理论的发展。

**素食与女性主义**

女性主义是一种争取女性权利、反对性别歧视的理论态度，其具体分支繁多。许多女性主义者不仅争取妇女解放，也支持动物保护，提倡素食。他们认为，性别歧视与物种歧视在基本观念上具有共同特征，都是一种对"他者"的歧视和迫害。生态女性主义强调，对女人和自然的"支配—压迫—剥削"，形成了相互支持的体系，共同强化了二元论、等级体系与权力关系。美国著名女性素食主义者亚当斯（Carol

J·Adams）在《肉食的性别政治学：女性主义－素食主义的批判理论》（*The Sexual Politics of Meat:A Feminist–Vegetarianist Critical Theory*）一书中，将女性主义与素食主义相结合，指出食物的选择并非一个完全私人的话题，具有明确的政治和伦理意涵。书中揭示了男权与动物迫害、肉食文化之间的同构与相互加强的深刻关系，有力地推进了女性主义、素食主义和动物保护主义的学理探讨，值得重视。

在父权制文化中，肉食往往被赋予男性气质的文化关联。在大多数民族和文化中，肉食都与男性紧密关联，象征着力量、权力。比如，"我可不是吃素的"，这句话可能是想表示自己决不软弱无力、任人宰割的意思。这种表达所默认的文化前提就是，有能力的人是要去吃肉的，只有那些没有力量的人才是素食者。在一般情况下，在肉食的分配上，也体现了父权制的不平等关系。女性、有色人种、被压迫民族、低收入阶层等弱势群体被剥夺了肉食的享用权利。男人、白人、拥有权势者的优越性则体现在可以大量享用肉食上。在这种肉食与男性气质的文化关联中，男性对女性、人类对动物的压迫关系，就通过彼此支持而建构和强化起来了。因为男性比女性更优越、更重要、更有权势，所以宝贵的肉食，应该优先让男人吃，而女人应该满足于素食。因为人类比动物更优越、更重要、更有权势，所以动物应该被人类食用，满足人类的欲望。

亚当斯发现在美国肉食产品广告中，常常用性感的色情形象来刺激人们对于美味肉食的消费，而反过来在推销相关的色情产品时，又常常用美味肉食的形象来刺激人们的色欲。其实在中文世界中，这种双向隐喻的现象也比比皆是，比如色情笑话是"荤段子"，诸如成语"秀色可餐"等，都把人类对动物压迫和男人对女人压迫等同起来，以一种欲望的合理性来肯定另一种欲望的合理性，以一种压迫为另一种压迫的合理性背书。

亚当斯援引了考古学家的研究，指出在以植物为基础的经济体中，男女之间更为平等，更少暴力冲突和战争。从这一角度讲，素食主义应该是彻底的女性主义的逻辑结论和必然归宿。亚当斯认为，素食者不但自己朝减轻人类压迫动物的方向迈进了重要一步，而且也有机会帮助削弱压迫链上的其他环节，例如种族歧视、性别歧视等。逻辑彻底的女性主义必然要走向素食主义，而素食主义的逻辑也必然拥抱女性主义。

素食及其所代表的动物解放，涉及人类与动物关系的彻底改变，本质上也是一种政治行为。但是，由于被解放者是最底层、最边缘、最没有话语权、被抹黑丑化最严重的弱势群体——非人类动物，所以这种政治行为对既有体制和权利结构的颠覆更为彻底和激进，也更不容易被理解和认同，难度更大！

我们在餐桌上吃什么食物，绝不仅仅是个人的私事，它与我们的基本价值观紧密相连，关系到我们如何与"他者"相联系，如何定义我们在自然界中的地位。总而言之，我们吃什么说明了我们作为人类是谁，是什么。素食不只是一种饮食而已，它代表了一种涉及暴力、我们对他者（人类与非人类）的各种义务，以及我们所栖居的地球等根本议题的意识。

## 二、东方宗教与素食

近代以来的西方动物保护运动，推动了现代全球的素食运动。但是，东方的传统宗教很早就提出了系统深刻的素食理论，并且长期、普遍地身体力行，其根本动机与西方动物伦理学并无二致，其发心之宏大、用心之细腻、考虑之深远、影响时空之广阔，更值得关注。

源于印度的佛教、耆那教都是禁止杀生、提倡素食的宗教，其中佛教影响范围更广，是世界性的宗教，并且在教义上也更为深刻。道教是中国本土的宗教，对中国文化影响很深。因此，以下将主要介绍佛教、道教与素食的关系。

**佛教与素食**

在中国社会，一位素食者常常会被问，你是不是佛教徒？人们常常会把素食与信佛简单地等同起来。可见中国佛教在素食推广上的巨大成功。

但实际上，初入佛门正式成为佛教徒，并没有被硬性要求必须素食。即使自愿受了不杀生戒，也只是说不可以杀害动物，并不因此就要求一定要吃素，还是可以吃"三净肉"的。所谓"三净肉"是指：一、眼睛没看见它被杀时的情景；二、耳朵没听见它被杀时哀叫的声音；三、它之死，不是专门为我而杀。"三净肉"规定的目的在于慈悲不忍，不能因为自己吃肉而杀害众生。这样的要求，门槛不高，容易做到，却可以大大减少对动物的杀害。

佛教之所以反对杀生的理由是：众生平等。佛教主张六道轮回，轮回中的种种生命形态虽然千差万别，但是本质上都是平等的，众生皆有佛性，都可能成佛。在强调人与动物平等这一点上，佛教毫不逊色于现代西方动物伦理学中最激进彻底的动物权利论。

佛教认为，因果报应不爽，因此，杀害众生，死后就会堕入三恶道（即畜生、饿鬼、地狱），来世也会变成这样的众生，遭受同样的厄难。所以说，杀害动物其实就是在杀害来世的自己，动物与自己的命运是紧密联系在一起的。所以，在佛教中，特别强调反对杀害动物，提倡救护动物。如大乘佛教最重要的论著之一《大智度论》就明确提出："诸余罪中，杀业最重，诸功德中，不杀第一。"这里的"不杀"就是佛教的"不杀生"，其真实含义不仅仅是指消极的不杀害动物，而是反对一切杀害生命的行为。

在小乘佛教中，甚至出家人也没有被要求完全素食，因为必须要充分考虑比丘托钵乞食的实际情况。既然是托钵乞食，比丘就没有太大的选择自由。即便如此，佛经和律典中，除限制只能吃"三净肉"之外，还限制了许多肉不可吃，如象肉、马肉、蛇肉、狗肉、狮子肉、驴肉、猪肉、猕猴肉、狐肉、人肉等。这些限制，既有卫生健康的考虑，也有慈悲的考虑。因此，小乘佛教开许吃肉，是佛陀考虑一部分信众不容易一下子做到完全素食，不得已所开的最初方便，最终要求信众能够做到完全不食众生肉才是佛陀真正的本怀。

也就是说，如果佛教徒不仅仅满足于个人断除烦恼、成阿罗汉的目标，想要更进一步努力发菩提心，发愿救度一切众生成佛，那就是大乘菩萨道的境界。这个层次的修法就要求修行人不得食肉而应该坚持素食了。《梵网经》中明确要求大乘佛弟子不得食肉。

大乘佛经中劝导素食的文字比比皆是，除佛教信众非常熟悉的《大佛顶首楞严经》《楞伽经》《华严经》《大般涅槃经》之外，还有《佛说师子素驮娑王断肉经》《佛说一切智光明仙人慈心因缘不食肉经》《如来藏经》等等，甚至还有以断除肉食为主旨的大乘佛经。

因此，印度的大乘佛教教徒是实践素食的。西安著名的大雁塔就是对印度佛教史上著名的大乘佛教提倡素食典故的纪念，也象征了大乘佛教素食理念与实践在中国的流传。从历史来看，汉传佛教吃素的风气，是由梁武帝提倡而普及起来的。他奉行大乘菩萨戒，并根据大乘经文，下令中国僧人都应遵守大乘佛教禁止酒肉的戒律。他在《断酒肉文》中说明断禁肉食的必要性，一方面把禁酒肉与佛教善恶果报思想结合起来，另一方面把佛教的行慈戒杀与儒家的仁恕之道相提并论，六道众生都是轮回中的一家人。从此，禁止酒肉成为中国佛教出家人普遍接受通行的戒律规定。汉传佛教向来以大乘为主。所以说，素食是汉传佛教的优良传统。这除汉地佛子具大乘根性之外，也得益于汉地气候适宜、物产丰富，为素食的普及提供了方便。

中国历代高僧总是不厌其烦、苦口婆心地劝导世人不要随便杀害动物。释愿云的著名诗句更是把食肉杀生与战争的惨祸联系在一起，指出战争的根源是因为人们食肉导致的业报："千百年来碗里羹，怨深似海恨难平。欲知世上刀兵劫，但听屠门夜半声。"

在佛教长期宣传劝导之下，中国许多佛教徒长期素食，影响所及，乃至许多并不完全信佛的普通民众也把素食看成是可以为自己积德祈福的善事。所以，许多人在做不到每天坚持素食的情况下，往往会"吃花斋"，就是每个月十天或者六天坚持吃素，在生日、佛教节日，通常都会素食。素食在很大程度上已经成为佛教徒的行为标志，可见佛教在素食推广上的巨大影响力。

**道教与素食**

道教认为，人与万物共有本原，即"道"。世间的一切皆由"道"演化而来。万物皆以"道"为源泉和存在依据，都分享了同一个"道"。《老子》的"道生一，一生二，二生三，三生万物"，表明人与万物都分享了同一个道而得以形成，它们在"道"的高度上是平等的。

道家特别强调"道"的客观无私，包容天下万物的美德，"道"平等地对待天下万物，天下万物在"道"的面前都是平等的。道家当然也承认，万事万物有差别，但强调那只是从事物各自的立场出发得出的结论，如果站在"道"的立场上看，天下万物是没有高低、贵贱之分的。这即是庄子在《庄子·秋水篇》中所说的"以道观之，物无贵贱。以物观之，自贵而相贱。以俗观之，贵贱不在己"。

道家认为人类应该追求"道"的客观无私精神，用以包容天下万物，由此形成道家的道德平等论。在道教看来，动物与人类本性相同，人对待动物应该将心比心，推己及物。这种对众生的慈悲行为上应天德，是万善之先，长期坚持，可以达到与日月同光的境界。道教要求人们把慈悲之心扩大到自然物上，不要杀戮众生。保护动物的基本动力来源于对于动物的恻隐之心。

道教认为，杀害动物来满足口腹之欲的人，将来会受到相应的惩罚。而相反，保护救助动物，则可以修行成仙。道教医学主张尽量用草木入药，少用动物入药。著名医学家孙思邈在道教中被奉为药王。他在《备急千金要方·大医精诚》中就明确提出"夫杀生求生，去生更远"，反对用动物入药。

早期道教并不完全戒绝肉食，后来受到佛教影响，逐渐改变了饮食结构和祀神斋供的内容，倡导并规定道士须素食，并以香花、水果、谷物作为供品替代先前的猪、羊、鸡、鸭、鱼等动物，后期道教对此不断加以总结，从戒律上形成一整套系统的尊重和保护动物的意识和措施。

道教典籍中，劝导素食的内容比比皆是。素食甚至被说成是修道的根本基础、成仙的必经之路。在道教中，素食成为必须遵行的戒条。金元时期创立的全真教，从创教伊始就严格规定不茹荤腥。

道教还认为某些动物知情达理，需要特别保护。如天上的大雁特别重视秩序，狗非常忠义，鲤鱼重视礼仪，这三种动物被称为"三厌"，即天厌雁、地厌犬和人厌鲤。道教尤其反对食用这三种动物。今天中国民间把吃素称为吃斋，这种说法主要来自道教的影响，由此也可见道教在素食推广上也发挥了重要的作用。

在古代中国，无论是佛教还是道教，都对中国的素食文化产生了非常深远的影响。在动物保护、环境保护意识日益高涨的今天，如何重新挖掘中国饮食文化中慈悲护生的传统，去除目前中国饮食实践中落后、残忍的成分，顺应时代潮流，拥抱现代动物伦理学，努力弘扬素食，为世界饮食文化作出贡献，是我们应该深入反思的重要课题。

# 卷三 食之设计

后碳背景下食物设计的四维转化 景斯阳

把食材变成灯具 做食物设计师是一种什么体验 笑梅

人间有味是清欢 食物设计与我们的世界 李萌

# 后碳背景下食物设计的四维转化

景斯阳

食物是全球生态危机的一条不可忽视的线索。联合国指出新冠疫情抹去了10年的全球发展成果,并强调全球饥饿人口将增加至8300万到1.32亿人。[1] 2021年,中国召开国家粮食安全与可持续发展研讨会,战略议题涉及中国粮食系统转型、粮食减损与冲击应对、粮食安全与公平生计以及可持续的食物消费等。[2] 食物不仅是关乎民生的必需品,也是连接人与人、人与自然、人与社会的重要媒介。尽管当代食物设计研究才有20多年的历史,但至今为止已经发展出许多研究方向。从研究提议来讲,有以"吃"为中心的饮食、烹饪、体验等小尺度视角;也有以"生产"为中心的生态、农业、系统等大尺度视角。从设计学科划分,有基于食物的可持续设计、产品设计、工业设计、服务设计等。然而需要意识到,食物设计并不新在研究对象,而重点在于食物串联起的系统,引发出对资源、产业、消费的重新审视。本文聚焦在食物设计应对危机的方法,提出了食物设计的4种思维转化:(1)以"人"为中心转向以"生命"为中心;(2)以"物"为中心转为以"超物"为中心;(3)从"体验"经济到"后碳"经济;(4)为"消费"设计转向为"危机"设计。回应了在危机与后碳时代中的以下问题:如何用食物来设计物种间关系?如何减少食物消费中的碳足迹?如何利用食物垃圾?极端气候条件下,如何生产食物?如何解决食品安全与营养问题?未来食物设计有哪些可能性?正如"可食用的未来"(Edible Futures)展览提出的"用吃改变世界"的理念,本文旨在引发对食物设计价值的重新思考,通过食物设计反思当今复杂系统以及在每一个环节提出设计应对危机的方法。

1 https://news.un.org/zh/story/2020/07/1062221.
2 中华人民共和国农业农村部国际合作司:《联合国粮食系统峰会中国国家对话会报告》,2021-04-14[2022-07-13]。https://www.moa.gov.cn/xw/gjjl/202107/t20210715_6371981.htm。

## 一、食物设计的起源与研究范畴

最早的食物设计可以追溯到远古时代狩猎与农用的工具设计,[1]然而当代食物设计的起源具有争议。有的学者认为食物设计缘起于法国。[2]西班牙设计师马丁·古谢（Martí Guixé）认为食物设计诞生于人们用面包代替手套,夹着香肠进行食用那一刻创造出的这个可以食用的有效工具。古谢自身被广泛认为是向世界介绍了食品设计这一概念的第一人。1997年,古谢基于在巴塞罗那的一个行为艺术项目提出了"食物设计"的概念。尽管拥有室内设计与产品设计的科班训练,但古谢从固有的限制和障碍中解放出来,用食品设计改变人们的习惯和日常生活。例如,通过3D打印技术创造不弄脏手就可以吃到的加泰罗尼亚特色番茄面包。然而,马歌林则认为食物设计的概念直到2010年左右才被广泛提出。与此同时,2014年埃因霍芬设计学院推出世界上第一个食品设计学位。因此该学位的创始人玛瑞吉·沃格赞（Marije Vogelzang）也被认为是"食物设计之母"。

食物设计研究和设计思维一脉相承。马歌林将食品研究与设计研究做类比,认为两者皆主题宽泛、难以界定。从餐桌上的菜品创新到非洲的饥荒,从替代性蛋白质到食品废物创新,从饮食体验到人工智能农场都是食物设计。也就是说,器物设计、消费空间、技术、制造、流通销售、消费都属于食物设计的范畴。[3]类似地,另一位食物设计研究学者弗朗西斯卡·赞波洛（Francesca Zampollo）则将设计思维引申为"食物设计思维"（Food Design Thinking）,包括8个角度:食品设计、食器设计、烹饪艺术、食物服务设计、批判性食物设计（提升食物或社会意识的概念设计）、食物分销及供应链设计、可持续食物设计、饮食设计。[4]

由此可见,食物系统是一个"开放的复杂巨系统",正如布鲁斯·马里恩（Bruce Marion）在1985年对食物系统（Food System）下的定义一样:"食物系统是农业与下游经济主体之间各种关系的总和。食物研究包括食品和食品相关物品有关的所有过程和基础设施:种植、收获、加工、包装、运输、营销、消费、分配和

---

1 [美]维克多·马格林著,金晓雯、熊憨译:《人造世界的策略》,南京:江苏美术出版社,2009。
2 杨旻蓉,何颂飞:《食物设计视域下食物传播现象研究——以社交平台为例》,《设计》2021年第17期。
3 马歌林,汪芸:《设计研究与食品研究:平行与交集》,《装饰》2013年第2期。
4 Francesca Zampollo. *Food design thinking DIY: The creative process to design food products, food services, food events, and dishes*(Independently published, 2021).

处置。"¹文章基于对中外设计师设计与教学实践，将以往的食物设计分为两大领域。

## 二、食物设计的中外研究角度

### 1. 饮食、烹饪与体验设计

沃格赞在埃因霍芬创立的"食物非食物"（Food Non Food）本科项目中，从感官、自然、文化、社会、技术、心理学、科学和行动8个维度探索食物与设计的可能性，但最终的设计落点主要围绕"吃"这个行为，聚焦饮食体验。她用"饮食设计师"（eating designer）而非"食物设计师"（food designer）描述自己的角色。例如，她在策划的"吃·爱·布达佩斯"（Eat Love Budapest）展览中通过观众的饮食体验消除对吉普赛人的种族歧视。饮食空间被白色的垂帘分隔成10个独立的包房，每一个空间内都挂有吉普赛人的照片和生活用品。观众坐在其中被吉普赛人以勺子喂食，并聆听他们的故事。这场有仪式感的饮食变成食客对吉普赛文化的独特记忆。相较而言，米兰工业设计学院（Scuola Politecnica di Design）的食物设计与创新硕士项目则致力于研究如何让食物更加人性化，更具互动性。古谢作为项目的教师引导食品行业设计师研究包括食物生态、食物政策、食物科学、饮食仪式、饮食习惯以及食物浪费等议题。

国内的食物设计课题大多围绕饮食与文化展开。江南大学2007年就发表了饮食文化的课题研究，围绕"厨房—烹饪—进餐"进行设计。张凌浩认为，食物设计承载着美学、记忆、文化意义与价值观，包含对食材自然性的认知、人与食物间的互动与活动、用餐与包装设计元素等。²同样，北京服装学院的何颂飞于2015年起着重研究在中国文化语境下的食与食养。此外，中国美术学院的胡方老师开设的食物设计课程以味觉的感知系统与饮食文化重构、烹饪体验与饮食剧场构建为主线，并发起了探讨人类饮食欲望"吃豆府"的实验艺术食物设计项目。³在饮食空间方面，清华大学美术学院的梁雯老师探讨空间与叙事的关系，把食物作为模糊之物，是一

---

1 Marion, Bruce, "The organization and performance of the U.S. food system," *Proceedings of the National Academy of Sciences of the United States of America*, 1985, 79(2).
2 张凌浩，过伟敏：《整合型设计教学模式的研究与饮食文化课程项目实践》，《装饰》2007年第11期。
3 胡方：《系统的食物设计构画未来生活方式》，《装饰》2021年第3期。

种象征与叙事的引子。[1]

## 2．生态、农业与系统设计

更大尺度的食物设计研究聚焦在食物与生态、公共健康、农业体系、景观设计等交叉领域。以哈佛大学为例，景观建筑系导师蒙特塞拉特·邦维希·罗西奇（Montserrat Bonvehi Rosich）开设的"我们所吃的景观"（The Landscape We Eat）课程旨在探索食物系统与其地貌、气候、基础设施、时间和文化之间的关系。另一门"我们所吃的沙漠"（The Desert We Eat）则是将重点聚焦在农业用水、旱地饮食、生态活动以及文化习俗之间的关系。公共卫生学院副教授加里·阿达姆凯维茨（Gary Adamkiewicz）在环境健康领域开设了课程"从农场到餐桌：为什么你吃的东西很重要"（From Farm to Fork: Why What You Eat Matters），旨在通过研究营养、农业和环境科学，职业和人类健康，以及经济学和伦理学来为人类和地球选择最健康的食物并用合适的工具和科技创造出来。哥本哈根大学可持续发展科学中心（Sustainability Science Centre）开设的线上公开课程"全球粮食系统转型"（Transformation of the Global Food System），重点是食品系统如何能够变得更加可持续，包含了4方面的策略：细微改善、巨大变革、减少浪费、智慧饮食。

国内对可持续食物系统的研究也越来越重视。香港理工大学设计学院亚洲风尚设计研究实验室的梁町老师曾发表文章对可持续设计语境下的食物产消服务进行反思。文章首先提到以肉消耗增长与食物消费为代表的中国食物困境，其次概括了以产品、使用、结果、体验为导向的食物服务系统，再次提到了关注有机食品、食物消耗的可持续食物设计方法，最后是为生态、经济、系统创新、大众的设计原则。[2]江南大学的张凌浩教授认为食物系统设计是食物设计的重要方面，他强调设计师应为未来食品系统提供新型解决方案，考虑体验、技术、便利、民主参与、社会责任、社会教育等方面的问题。食物的创新设计从回归五感、回归东方生活哲学走向由新经济（开发、服务系统、商业创新、扶贫等）、新社会（可持续、社交、赋能、健康等）、新技术（制造、配送、处理、定制等）所构成的复杂社会系统。中

---

1 梁雯：《冷眼旁观、收藏家和讲故事：一个环境设计课程的教学案例》，《装饰》2018年第3期。
2 梁町、童慧明：《迈向"因数10"减耗的中国经济：重塑交通和食物消费的可持续设计案例》，《装饰》2009年第6期。

央美术学院设计学院危机与生态设计方向2021—2022年开设了两门与食物相关的课程，分别是"气候货币计划：食物图景"与"食物地理学：从细胞到元宇宙"。前者以食物为线索，旨在引导学生通过跨学科领域的研究理解食物是如何连接人类活动与生态系统、个体经验与集体文化、经济体系与气候危机等领域，构成当今世界的图景。研究主题包括：食物与身体、文化与身份、食物系统与生态、食物与城市、设计赋能等。研究范围跨越分子合成技术到星球粮食战略。后者同样用不同的尺度为研究框架，在想象地理学的基础上通过绘图术（mapping）来分析与理解特定食物在空间、地理学上的历史发展、生产制造、消费与传播方式。

中央美术学院设计学院危机与生态设计方向食物图景课程知识框架

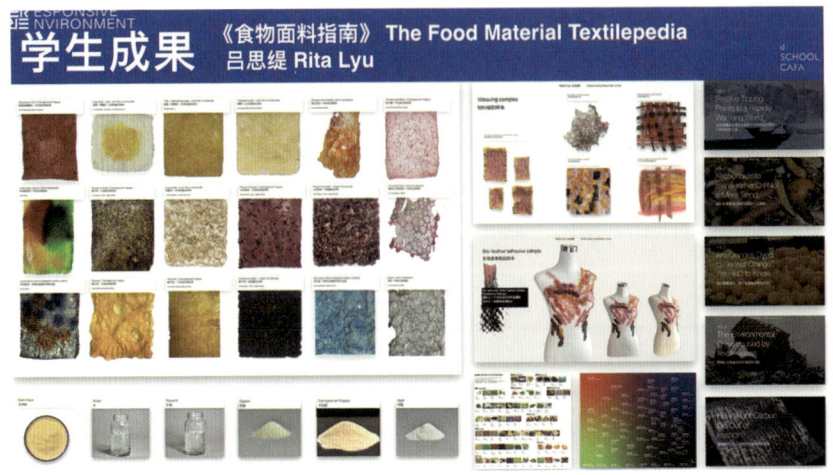

吕思缇作品《食物面料指南》，指导教师：景斯阳

综上所述，食物设计的视角广泛而多元。但为什么没有形成公认的、有递进的、有逻辑的教学和研究体系与设计准则？因此，本文在整合前人研究的基础上，提出一个新的食物设计研究框架，主要应对当下的大流行病、气候变化与经济萧条的危机。

## 三、后碳时代食物设计的四维转化

疫情时代食物相关问题日益凸显，气候变化带来的环境压力与日俱增。同时，我国近年来特别强调"碳达峰、碳中和"的战略与建设生态文明时代的美丽中国国策。越来越多的可持续设计议题都转向后疫情时代的研究。在此背景下，本文提出4个食物设计研究重点的迁移与转化，期望达到两个目的：一是在跨尺度中理解复杂的食物系统，培养全局意识；二是在隐含关联中精确定位危机关键并寻找结合时代语境的弹性解决方案。

### 1. 以"人"为中心转向以"生命"为中心

（1）生命共同体

生命共同体指的是将食物中的动物、植物甚至微生物赋予它们权利，关注物种的多样性，为反物种灭绝作出贡献，即策展人保拉·安东内利（Paola Antonelli）所提到的"物种间"责任。[1]

在动物权利方面，西格弗里德·吉迪恩（Sigfried Giedion）曾在《机械化统领一切》（*Mechanization Takes Command*）一书中追溯了诸如屠宰场的机械化设计，包括捕捉和悬挂生猪的装置、"千刀"切割机等一系列恐怖流水线设计。[2]谭君妍的设计作品《如何消费Romie18》与《0.9克黄铜》就是揭露食品生产系统中的不透明性。作品通过设计师在荷兰农场领养的奶牛Romie18的视角，跟踪与这头牛有关的食物的全过程，并通过这种了解改善人们对食物的态度，让他们自主选择食物种类，改善异化了的人与自然、动物的关系。

---

1 Antonelli, Paola and Tannir, Ala. *Broken Nature: Design Takes on Human Survival.*（New York:Rizzoli Electa, 2019）.
2 Giedion, Sigfried. *Mechanization Takes Command: A Contribution to Anonymous History.*（Oxford:Oxford University Press, 1948）.

在物种多样性方面，饮食种类的多样性不仅能保证人类的健康，也能为整个生态系统稳定作出保障。但是，人类食用的植物曾有6000多种，如今只有9种。时任乳制品巨头达能CEO的埃马纽埃尔·法布尔（Emmanuel Faber）说："我们以为通过科学就可以改变生命的循环及其规则，就可以用单一作物来养活自己，将世界上大部分的食物供应建立在少数几种植物上。这种方法现在已经破产了，我们一直在毁灭生命，现在我们需要恢复它们。"[1]为了回应这个问题，黎超群的作品《无尽的自然：为多样性设计》通过style GAN技术基于历史上全世界各地大量小麦与水稻样本演化分解设计出未来小麦的新物种可能性，为粮食遗传学家提供启发。

在反物种灭绝方面，玛蒂尔·博尔豪尔（Matilda Boelhauer）设计的假花试图通过增加城市中的花卉数量来帮助昆虫再次繁衍。在过去27年里，昆虫的数量减少了75%。全球变暖、杀虫剂的使用以及食物和栖息地的缺乏是主要原因。然而昆虫的传粉又是植物产出水果的重要条件，设计师通过设计恢复食物链，保证昆虫传粉、保护果实生长的必要条件。

中央美术学院设计学院学生黎超群的作品《无尽的自然：为多样性设计》

---

1 Saladino, Dan. *Eating to Extinction: The World's Rarest Foods and Why We Need to Save Them.* (New York:Farrar, Straus and Giroux, 2022).

060　碧山15　食物续

（2）多物种间的跨界融合

关注更广泛的生命体成为保证未来人类福祉的可持续发展方式之一，《生物设计》一书作者威廉·迈尔斯（William Myers）预言："合成生物学的前途与可利用性会像html标准奠定了网络基础一样奠定新一代设计方式的发展。"[1]例如，合成生物学可以帮助设计师合成人造肉来替代牛肉，可以从土壤霉菌中提取食用蛋白质，也可以从人类细菌中培养奶酪。合成生物设计鼻祖之一奥伦·卡茨（Oron Catts）在"无受害者技术乌托邦"（2000—2008年）项目中探讨了利用组织工程技术创造试管肉。现代牧场（Modern Meadow）设计工作室的科学家和设计师使用糖喂养转基因酵母来生产胶原蛋白，用生物组织工程在体外生成肉进行应用。"下一个自然网络"（Next Nature Network，NNN）推出了未来饮食菜单，包括用没有真鹅的友好鹅肝，用超长的培养组织串成的针织牛排，以及体外培育肉冰激凌，还有透明生鱼片——人工合成的生鱼片，没有真鱼的血管、神经或器官。

## 2. 以"物"为中心转为以"超物"为中心

（1）全球性与地域性

哲学家蒂莫西·莫顿（Timothy Morton）提出"超物体"（hyperobjects）一词，指物在时间和空间上的大规模分布，以至于它们超越了本地化。[2]事物的复杂性变成了一个"网"（mesh），所有的生物和非生物都被捆绑在一起。莫顿认为一支笔与气候变化一样复杂，都是超物体。这种物与环境之间复杂的相互关系体现在食物上尤为强烈，涉及食物来源、供应链、季节性食物等问题。以麦当劳为例，加拿大温哥华港口的洪灾会引发日本麦当劳的"薯条荒"。原因是麦当劳薯条的土豆供应商来自北美。周小楫在设计作品《文化样本》中追溯了西红柿炒鸡蛋的食材历史，揭示了这道最简单的菜品背后跨越4大洲、7000年的历史。再如比约恩·斯坦纳·布卢门斯坦（Bjorn Steinar Blumenstein）[3]的艺术作品《香蕉的故事》，

---

1 [荷]威廉·迈尔斯著，景斯阳译：《生物设计：自然、科学与创造力》，武汉：华中科技大学出版社，2022。
2 Morton, Timothy. *Hyperobjects: Philosophy and Ecology after the End of the World (Posthumanities)*. (Minneapolis:University Of Minnesota Press, 2013).
3 Collingham, Lizzie. *The Hungry Empire: How Britain's Quest for Food Shaped the Modern World* (Vintage Digital, 2017).

高心甜作品《JUJUTEX——枣树基皮革》，指导教师：景斯阳

通过追踪一把香蕉在全球范围内的流通，突出了对非季节性和日常商品的需求所带来的问题，让我们反思食物的来源。艺术家为香蕉制作了"护照"，并跟随香蕉从厄瓜多尔到冰岛：30天内在货船上行驶12534公里，经过33双不同的手来到冰岛的超市，然而最终却有三分之一被丢进了垃圾桶。

（2）殖民主义与阶级矛盾

托马斯·桑卡拉（Thomas Sankara）说："吃饭时看看你的盘子。这些进口的稻谷、玉米、小米，就是帝国主义。"[1]殖民生产、贸易、交流、土地掠夺、农业创新和经济变革的历史揭示了食物与帝国主义千丝万缕的联系。美国人类学家西敏司的《甜与权力：糖在近代历史上的地位》叙述了在工业化早期糖如何从一件奢侈品化身为工业化生产之商品。凯拉·沃克（Kara Walker）的作品《微妙的问题抑或是不寻常的糖娃》（*A Subtlety, or the Marvelous Sugar Baby*）以糖制作的巨型雕塑回应了所处的废弃糖厂背后辛酸的劳动、压迫、种族等权力议题。另外一方

---

[1] [英]捷克·顾迪著，王荣欣、沈南山译：《烹饪、菜肴与阶级》，杭州：浙江大学出版社，2010。

面，食物生产制作和分配、消费的差异与社会经济结构差异相结合，由此产生"高级烹饪"与"普通烹饪"对于社会阶层的划分的联系，依据特定的阶级、身份、官职获得与之相匹配的食物分配。[1]阿曼达·胡杨（Amanda Huynh）的作品《散居的饺子》（*Diasporic Dumplings*）就是为了实现人类平等和资源效率而创作。因此，作品中厨房从房屋中被移除，每个社区都有自己的饺子，用当地材料制作。饺子的形状具有象征意义，传达了关于政治和抵抗压迫性政府的信息。

## 3．从"体验"经济转为"后碳"经济

（1）碳排放

根据Nature的一项研究，粮食系统大约占全球人为温室气体排放量的三分之一。其中，最大的贡献来自农业和土地利用（71%），其余来自供应链活动：零售、运输、消费、燃料生产、废物管理、工业加工和包装。[2]因此，减少食物设计中的碳

---

1 Crippa, M., Solazzo, E., Guizzardi, D. et al. "Food systems are responsible for a third of global anthropogenic GHG emissions". *Nature Food* 2, 2021.
2 [美]迈克尔·波伦著，邓子衿译：《杂食者的两难》，北京：中信出版社，2017。

排放对全球碳排放有显著益处。

首先，减少食物生产中的碳排放。畜牧业的碳足迹是其他产业的数倍，这也是为什么前文提到的"替代性蛋白"成为未来的一种趋势。笔者的牛肉产业研究项目披露了牛肉生产中惊人的土地消耗和水足迹，从而提出整合宾夕法尼亚州的牛肉农场资源，叠加式、创新式设计农场资源，让农场的生态足迹减少到最低。艺术家组合"赵与林"的"等价交换——鱼类的生态足迹"项目以中国家庭最常吃的大黄鱼为研究对象，反映出过度捕捞之下，用"垃圾鱼"（幼鱼）来供养"商业鱼"的产业内幕。由此可见，以消费为导向的捕捞行为会对全球生态造成巨大的影响。

其次，控制食品运输中的碳排放。美国麻省理工媒体实验室研发出"变形美食"（Transformative Appetite）项目，通过对面食的架构研究，可以使其在包装内扁平，而遇水膨胀成各种形态，从而减少包装空间，在运输时提高效率，减少碳排放。有些餐厅直接在食物的餐盘上标明了菜肴中的食物里程，使消费者反思日常饮食中所不为人知的碳排放，从而有选择性地进行消费。

再次，提高食物的生产效率。美国的垂直农场和荷兰依赖高科技的农业生产方式，以及水耕法、空气培养法都代表了对低碳低能耗的食物生产的探索。麻省理工媒体实验室的开放农业（Open agriculture）项目设计了小型的高科技无土壤种植"计算机"。食品计算机的所有者将能够相互分享关于光照、水、养分和温度水平的完美组合的数据，为高科技室内农业创造一种开源的框架，用最少的资源培育出最美味的食物。

（2）食物浪费

展览"垃圾时代"（Waste age: what can design do）中提出地球的废物分为峰值废物（Peak waste）和后废物（post-waste）。后废物主要指菌丝、稻壳、养鱼和农业废物等可以循环使用的材料，食物废物基本属于此类。GroCycle的"城市蘑菇农场"项目研究如何通过堆肥将不可能的废物变成可食用的产品，例如，用废弃的咖啡渣来制作牡蛎蘑菇。柳思缘的"食品垃圾再重塑"项目是把一家三口一周所产生的食品垃圾进行统计和分类并提供了家庭自制生物塑料指南。Daily Dump公司设计了一款无臭味的家庭堆肥器，将处理厨余垃圾变成每个家庭社会责任的一环，从而来清理印度整个国家。

牟英洁作品《棕"旅"》

指导教师：景斯阳

## 4. 为"消费"设计转向为"危机"设计

### （1）极端气候与粮食危机

自2019年新冠疫情以来，世界饥饿人口又呈现增长的趋势，有11.3%的世界人口处于饥饿状态。大约有 8.05 亿人每天营养不良。贫困、资源分配不均、冲突、气候变化、严重的营养不良是造成这一现象并且导致世界饥饿的主要原因。如何在人口爆炸、粮食有限且深受气候变化影响的情况下吃饱？檀松冶的作品《ALGAE+：藻类作为缓解饥饿的方法》尝试以藻类作为营养补充剂，并与在地食物结合的方式缓解因气候、冲突、自然灾害等原因形成的急性饥饿事件，并提高地区应对急性饥饿事件时的弹性。ALGAE+包含了从饥饿事件发生，到如何匹配藻类品种，到藻类如何渗透到地区，再到如何培养并持续输出，最后到如何融入日常饮食等的整个环节和流程。藻类的培养高效、便捷且其营养丰富，常作为未来食物探索的一种材料。在极端干旱的条件下，设计师也尝试了弹性解决方案。沙基拉·贾萨特从开普敦干旱时期定期关闭水龙头以节约用水提取灵感，试图从冬季早晨的蒸汽淋浴和结霜的露水中收获自己的水用来泡茶。作品 *Tea Drop* 被设计为通过冷凝大气中的水蒸气来泡茶的装置。

（2）食品安全与营养

联合国环境署发布的《衡量农业和食品系统中的重要因素》指出："我们的饮食如今已成为主要的疾病负担，超过6.5亿人遭受肥胖之苦，而且有超过20亿人受到营养失调的影响。"联合国可持续发展目标呼吁对农业和粮食系统进行重大变革，以便到2030年消除饥饿，实现粮食安全并改善营养状况。一方面，20世纪50年代以来对农业化学品、转基因生物的滥用，导致土壤肥力丧失，粮食营养单一。另一方面，在对食物营养摄入问题上，消费者在被"营养师"和媒体的诱导之下经历了对红肉的惧怕、对碳水化合物的排斥、对维生素的追捧等阶段，现在又陷入"代糖"与"代餐"的陷阱。还有一个问题，就是现代人的营养过剩了，我们并不需要摄入多余的营养。

（3）未来食物

未来随着科技的发展与环境的恶化，我们是否会开发全新的方式来摄取必要的营养物质？设计师龚保罗（Paul Gong）的"人类土狼"项目利用合成生物学来创造新的细菌，并利用新型工具改造他们的消化系统，使未来人类可以像土狼一样消化腐食。以此来回应严重的食物浪费或是食物不足的情况。还有设计师设计了"数字调味品"，体验者可以通过脑部神经感受食物的味道而非品尝到真实的食物味道。《未来食物》（*Future Food Today*）一书整合了未来食物的设计实践，介绍了从"无肠热狗"和"海藻薯片"到"虫子汉堡"和"微型绿色冰棒"，以及如何使用替代成分进行美食创新的技术。

在疫情后全球经济下行的背景下，无论是围绕饮食本身的个体性的体验与感受设计，还是在更大尺度及跨领域的集体性的生态与系统设计，都更应该关注设计在食物危机层面的应对。事实上，食物设计受到了多学科的关注并作为理解世界系统的钥匙。文章一方面总结了食物设计领域学者的经验；另一方面提出去人类中心化、去消费中心化、去物品中心化、去消耗中心化的食物设计模式，转而强调面向系统的、面向危机的、面向生命福祉的设计。此研究的意义，在理论层面上梳理了食物设计的源流及研究范畴；在实践层面上，用设计案例引导有关食物设计的新关注点，尤其是对后疫情时代食物设计价值转向的关注。然而，此研究也是不完善的。因为无论任何设计都需要在真实场景下提出更综合的、叠加的、复杂的策略。文章希望通过对食物研究的探讨扩大同行者网络，影响大众食物消费行为，最后树立后碳时代的食物价值观。

（本篇插图均由景斯阳提供）

把食材变成灯具
做食物设计师是一种什么体验  笑梅

袁瑗形容自己的方式非常朴素：慢生长慢生活的食物和物品设计师。

"食物设计"，有生以来头一回听说，脑子里马上浮现一些与美食有关的画面，但又不局限于美食，直觉告诉我，袁瑗身上一定有着不简单而有趣的故事。

袁瑗以作品《静谧无声》（*Silence*）于2020年底参加了"设计上海"的"融·着色"设计展，作为19位参展设计师之一，袁瑗人在法国，因为疫情回不来，导致这次创作*Silence*的过程有些特殊。

"本来实验室和制作都会在巴黎的工作室进行，完成后再寄到中国，但在展览开幕

材料实验样品

"融·着色"设计展参展作品：Silence

前4周,法国每日新增感染达到8万人,政府决定封城并鼓励全民远程工作,以缩小和降低病毒传播的范围和速度,国际运输的时长也变得不能保证,所以严重影响了我的工作计划和安排。"说到疫情给自己工作带来的影响,袁瑷不由自主地打开了话匣子。

为了完成这个特殊时期的特别任务,策展人和袁瑷商量是否可以找到国内的朋友协助她完成这次展品,于是她得到了两位国内伙伴永馨和门门的帮助,还有融设计图书馆的支持和协助。"我是远程与她们同步在杭州青山村图书馆的实验厨房里继续作品后期的工作。通过远程电话、视频、文字、图片、图纸以及录像等形式进行交流,对我来说是一次为期两周的中法跨国远程工作方式,具有实验性,非常感谢她们!"

时差导致白天黑夜彻底颠倒,在执行时虽然遇到了一些技术上的问题,好在双方配合默契,齐心协力在最短的时间克服了各种困难,在展览最后几天完成了作品。

"现在想想这种需要相互信任和极大耐心,同时又是远程协作的工作方式,真的挺不容易的!"袁瑷舒了口气。

在与袁瑷开始这场跨国的采访和交谈之前,我承认自己对食物的理解很狭窄(仅仅为了吃而已)。同时令我好奇的是,在一个"食物设计师"眼里,食物又是什么?

"食物对我简直太有吸引力了!不仅满足味蕾,不只出现在日常的餐桌上,它也在整个世界里。无论是日常饮食,还是城市农业、生物多样性,对我来说,食物是让我放眼看世界的着眼点,通过它也能细致观察到我们周围的一切。"食物在袁瑷看来,真的很不简单。

出生于新疆克拉玛依独山子的她,从小在艺术与自然的环境中长大,如果说审美也有脉络,那么袁瑷的脉络起始,是小时候看着爸爸在家捣鼓各种摆盘和搭配,"作为1980年代的国家二级厨师,他是一位对美很有追求的手艺人。从小我就眼见着蔬菜水果经过他的手工精雕细琢,摇身变成盘中的艺术品。爸爸是我心中的食物艺术家。"

而作为普通人,又该如何理解"食物设计"?袁瑷解释道,食物设计不是盘子里可

072　碧山15　食物续

Silence灯具设计

右 融—米兰设计周食物设计开幕设计作品" Edible A4 Party Milan

左 Silence展览现场

食用的装饰，也不属于餐桌艺术，即使器皿和盘中的内容物是设计师研究的部分。"你使用的碗碟再漂亮，都不是食物设计。通俗一点讲，食物设计就是食物+设计，设计应用于食物。它是透过设计思维，通过对食物直接或间接的运用，让食物成为信息的传递工具，进而产生一种全新体验或是产品。食物设计是为了在我们的饮食中找到新的形式，唤醒我们对周围世界的意识。"

"在探索食物设计的过程中，我会根据项目的不同要求选用不同的材料，进而进行实验和加工。就像木头、金属、布料、纸、陶瓷、硅胶之于物品设计，食物设计的选材也很广泛：面粉、大葱、胡萝卜、鸡蛋壳、咖啡渣、土豆皮等等。这些可食用和不可食用的材料，不仅是灵感的源泉，也是设计的重要原点。"在袁瑗的描述下，食物设计由抽象变具体。

袁瑗读硕士时曾跟随食物设计领域的国际先驱人物马克·布雷蒂约（Marc Bretillot）学习食物设计，后者在法国的兰斯高等艺术与设计学院于1999年创立了这门新兴学科。"这是一门与感官、自然、文化、社会、技术及心理学与行为、科学建立联系的学科。食物设计就像一支画

卷三 食之设计 073

右　美味的剪纸
中　美味的折纸
左　美味的书法

笔，食物就像画板，用来表达个人的艺术与设计理念，而我就是那个握住画笔的人。"

袁瑗至今依然记得18岁时对自己的期待：

"像一只迁徙的鸟，飞往更远的地方，看更广的世界。"

话题回到"设计上海"的参展作品Silence，关于着色与食物和手工艺研究，袁瑗说是去年应张雷的邀请和稀奇艺术的支持，赴青山村融设计图书馆做驻场设计。

"在青山村驻场期间，我为'融·着色'展的开题设计了一场色宴，这同时也是我驻场研究的阶段性展示，名字叫《写给自然的情书》（*Love Letter to Nature*），围绕着食物与染色，融合传统染布手工艺、瓷绞胎工艺、水影画手工艺，通过食物来诠释自然给我的启示。"在青山村这段时期，袁瑗创造了4种心境——觉醒、随遇而安、善意和保持乐观，并以4个艺术互动装置的形式，把抽象的心境转化成具象的色彩、形状、纹理

074　碧山15　食物续

| 1 | 2 |
|---|---|
| 3 |   |

1 *Love Letter to Nature*：觉醒
2 *Love Letter to Nature*：觉醒鸡尾酒
3 *Love Letter to Nature*：随遇而安

以及味道，创造出一种"食"的全新方式。

如果说Love Letter to Nature是袁瑗对现代人对自然的理解，那么Silence的概念和灵感正是从这4种心境延伸出来。"Silence同样是以食物为原材料，不同的是这次是把食物的特性转化，用常见的食材如果皮、鸡蛋壳、咖啡渣、海藻等进行材料的混合实验，与天然的食物染色工艺和技法结合，最后将新材料应用在日常的用品设计中。"

卷三 食之设计    075

"在实验中，对食材特性的掌握，比如保持材料的'鲜度'，转化并稳定地应用在设计中，是一次很大的挑战。因为食材本身是很敏感的，比如用食物染色，颜色会因为环境温度、空气湿度以及晾干方式和时间等微小因素的变化，导致同样配方的食材呈现不同的样貌和质感。"整个制作过程就像在做化学实验，有失败也有惊喜，需要不断地分析、尝试与等待。

"历时一年多的作品Silence，由可吃进化到了可用的状态，是对厨余垃圾、天然食物染料和着色的研究实验。"袁瑗还把食材转化成100%可降解的新材料，做成灯具，并展示设计背后的材料与工艺。

"Silence系列作品传递的是一种初始的、稳定的、柔韧细腻的平衡状态。希望它能自然地融入我们的日常生活和环境当中，成为连接人与物、人与环境之间友善关系的媒介。"食物带给袁瑗自然天赐的满足感。

回溯本源，食物因知晓脉络、尊重脉络，而富有通往开阔的生命之力。生活是，人亦是。

## 问答（Y=袁瑗）

Q：还记得第一件被大家所知道的作品吗？有什么特别的含义？

Y：在读兰斯艺术与设计学院的硕士课程时，我第一次进入马克·布雷蒂约（Marc Bretillot）的食物设计课堂。记得老师让我们围绕"风景"（paysage）的主题，用食物来表达个人对风景的诠释，并用我们的感官去体现。

我创作的作品叫Bread Pebbles，灵感来自马赛卡朗格（calanques）峡湾。卡朗格峡湾是丘陵在地中海岸边形成的特殊景观，白色的石灰岩，自然却又精致的小海湾被山丘半包着，海水清澈见底。我晨跑时经常会从学校后山经过一段长上坡和树林，来到地中海边，登高望远，迎着风，被卵石缝隙中倔强生长的小草所感动。它是我在马赛高等美术学院求学时期，与地中海的阳光、山风、绿树、清澈透绿的海水、海风相伴的两年里美好时光的重现。

我当时用法国的黑麦面粉，用法棍面包的做法烤出来的小卵石与新鲜的色拉和美味

左 马赛地中海悬崖
右 石缝中的小生命

的酱汁,构成了具有动感的微观世界,它讲述了微小的自然生物却有着强大生命力的故事。虽然是第一次接触食物设计,但这个作品最后得到评委们的最高分,之后还在法国巴黎的国际食品展展出,这也是我第一次对食物设计产生了极大兴趣……但是当时并没有想到,食物设计会成为我事业的重要部分。

Q:作为食物设计师,今日你面临的最大挑战是什么?

Y:如何减轻肥胖问题,如何给食物的浪费找到替代的方案,如何重新回收和利用食材,如何重新通过食物建立人、自然与地球的关系,如何通过食物+创新来平衡人们的生活方式和对待地球的方式。

Q:日常生活中什么事情会引起你的关注?分享一下最近让你难忘的事。

Y:对教育和可持续发展,比如零浪费的生活方式,以及对生物多样性的关注。第一次疫情封城期间,法国各大医院医护人员的口罩非常稀缺,防护措施也极其不到位,我们召集各方各界人士共同为法国筹集口罩。

我所在工作室的小团队,挺身而出,用本地设计、本地制作和本地生产的方式,在Fablab里利用3D打印和激光切割,再手工组装的方式,不分昼夜地加速生产,制作了最简化和实用的防病毒头罩/脸罩,迅速地为巴黎各大医院的医护人员提供了最紧缺和最及时的帮助。

上 袁瑗作品《卵石面包》
下 融-米兰设计周5年大展，参展作品：*Edible Paper Cut*

这是让我感受最深的一次，设计师团队的勇敢、友善和团结协作的力量，为社会所带来的影响是巨大而无价的。

Q：这场疫情教会了你什么？

Y：积极乐观地面对我们的当下和未来，用力地去爱，勇敢地表达爱。

Q：你平时吃什么食物？

Y：Bio有机食物和发酵食物，我们几乎不吃猪羊牛肉，每周至少吃两天素食，平时会吃鸡肉、鱼类、海鲜和豆制品，我们也在找替代肉类的食物。我会经常做中西结合的菜，还会和孩子们一起做甜点。

Q：食物研究或设计让你兴奋的点是什么？

Y：食物的可塑性很强，它可以玩，可以吃，可以用，可以转化，可以讲故事。食物设计与创新令我着迷。食物设计，不仅探索人的5种感官，还可以把设计放进身体里面，根植于头脑里形成深刻的记忆，唤醒强烈的回忆和情绪……

Q：你最想做的食物设计是什么？

Y：我想把中国传统的食材和烹饪工艺解构和重组，并把中国的文化和习俗融入到现代的饮食习惯中，建立新的饮食文化。

Q：在食物设计师的世界观中，你会怎么看待未来呢？

Y：每个人的日常饮食对地球环境有很重要的影响，我们需要从不同的角度审视和反思我们现在的饮食方式。气候变化、人口过多和不可再生资源的限制将会影响我们未来的食物。我们需要通过创新思维来找到一种方法，为与未来的食物建立更健康、更智能的联系而努力。

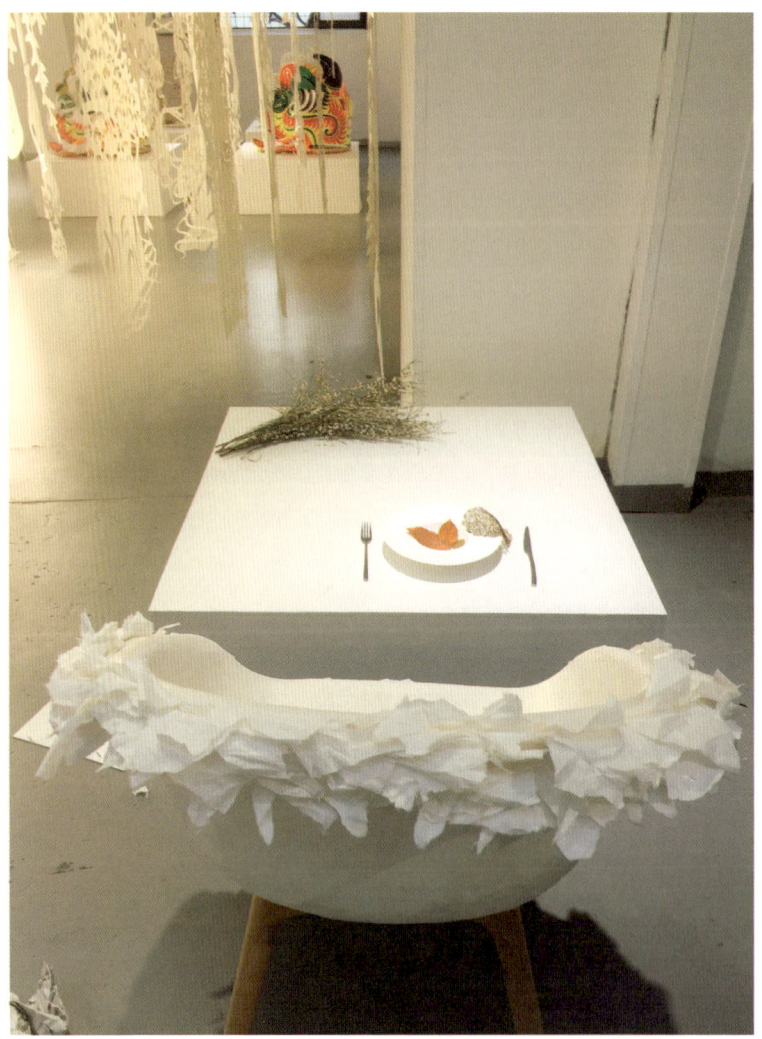

作品—Edible Paper Cut

融—米兰设计周5年大展，参展

Q：未来有什么计划？

Y：有三个计划：其一，继续对食材的研究，希望能在中国和法国建立一个食材图书馆，鼓励更多的设计师使用可回收材料进行多元化的创作；其二，食物艺术与设计的感官教育，继续在中国和法国的院校、工作坊开展更多和食物有关的艺术与设计感官教育，希望让更多的人从一个全新的角度去看待和应用"食物+设计+艺术"；其三，希望能在中国出版食物设计的书。

（本篇所有图片由袁瑗和融设计图书馆提供）

人间有味是清欢

食物设计与我们的世界　李萌

## 1. 引言

M. F. K. 费雪在她的饮食散文书《恋味者》中曾写道："我剖析自己，告诉读者我如何在山边吃一块面包，或是在一间如今已被炸得灰飞烟灭的房间中喝一杯红酒。同时，虽非我本意，我却也自然而言地讲述了我身边人们的故事，还有他们对爱和快乐的更深的需求。" 食物是我们与世界的一个重要联结点，我们碗中的食物、心中的滋养品均是为了治疗我们的饥饿，让我们不至于失去任何作为人类的尊严。同样，对个人而言，食物不仅驱逐饥饿、影响健康，还会唤起强烈的记忆与情绪。对社会和环境而言，食物的消费影响着我们的自然环境和可持续发展。此外，因之发展而来的饮食文化与礼仪，不仅为我们营造诗意生活，还促进了人与人之间情感的建立及不同文化之间的交流。

正因为食物、社会、生活与人类的关系如此复杂，食物设计就变得重要起来。食物设计（Food Design）作为一个学科已创立发展近20年。涉及食物的方方面面的设计，除烹饪以外的其余有关食物的创造性活动，都可以称之为食物设计。它不仅是对食物的美化设计，还是通过包装、形状、颜色、制作、运输、空间、服务等设计来创造新的饮食体验，是跨学科的综合设计。食物设计在国内是较新的领域，在国外已衍生出不同的派别和主张。最早的食物设计项目始于20世纪90年代美国的几所大学。随后食物与社会研究协会成立，并出版了《食品、文化与社会》期刊，收录了关于食物设计发展的相关研究和成果。1999年，设计师马克·布雷蒂约在法国兰斯高等艺术与设计学院创办了第一个食物设计研究工作室。2006年，国际食物设计家协会在纽约成立，并综合各行业专家提出"食物设计"的六大基本分类。此后，至2009年，国际食物设计协会成立。2010年，国际食物设计协会联合伦敦城市大学，举办了"第一届食物体验设计国际研讨会"。2014年，《国际食物设计杂志》（JIFD) 创刊，开始持续报道新的食物设计探索。发展至近几年，食物设计已开始活跃在各大设计周之上，诸如荷兰设计周等，在为人们提供互动体验的同时，亦启发着大众对食品与设计的思考。

本质上来讲，食物设计的目的是针对"吃"这件事的，正如法国作家拉·罗什福柯（La Rochefoucaould）所言："吃是一种需要，而明智地吃是一种艺术。" 通过设计，食物不仅与我们在身体、情感与记忆上产生紧密的联系与深刻的影响，深入地影响着我们的饮食文化和人们之间的关系，而且还为我们思考当下的社会问题、未来的发展等提供了不同的思考角度。具体而言，包含了思考如何吃得好、吃得健康、吃得公平、吃得正义，以及如何实现食物零浪费、食材再利用与永续等诸多方面。

## 2. 食物、身体与资源

在历史的进程中，人类的食物是在逐渐发展变化的。从茹毛饮血、采集野果到发展农耕、畜牧，再到机器的大批量生产，我们的食物变得越来越丰富多元，食物与人类的关系亦日趋复杂。从农耕社会到大工业时代，标准化大批量的食品生产促进了食物设计的商品化发展。同时，科技与社会的高速发展亦带来了食品健康、安全、环保、资源浪费与可持续发展等诸多问题。通过食物设计，设计师们阐释了当下有关食物的困境，并探索了问题的解决方案。

民以食为天。对于个人而言，食物进入人体后不仅为我们提供了需要的营养和能量，在饮食和生活习惯的日积月累作用下亦逐渐影响着我们的身体健康，塑造着我们的体形，治疗着我们的伤痛。通过食物设计，这些与我们身体、心理相关的问题都通过饮食行为得到了重新认知与改善。例如，在2018年"食用隐形"（Edible Invisible）展览中，埃因霍温设计学院的师生们就通过食物设计的作品探讨了微生物是怎样通过消化系统影响我们的情绪、身体健康和行为的。众所周知，肥胖在很大程度上影响着我们的身体健康，食物的摄入与选择就成为很多减肥人士需要考虑的问题。荷兰食物设计师玛瑞吉·沃格赞（Marije Vogelzang）的作品《分量》（Volumes），通过餐具的创新设计，即把包裹着食品安全级彩色耐热硅胶的石头作为餐具的一部分，通过增加餐盘重量、占据餐盘内空间的方式让进食者在心理上认为食物分量增加从而带来满足感，进而帮助减肥者达到控制饮食的目的。

同样，对社会而言，食物的浪费和短缺始终是困扰我们的两大难题。随着人口的增

《分量》,玛瑞吉·沃格赞(荷兰)

《没有鸡的蛋》,安妮·拉金斯(美国)

加、气候的变化,食物短缺的危机逐渐成为人们担忧的问题。仅仅在英国,人们每天就要消耗3600万个鸡蛋。为了应对未来食物短缺的危机,并呼应素食主义者增加的趋势,英国中央圣马丁设计学院的毕业生安妮·拉金斯(Annie Larkins)设计了《没有鸡的蛋》(An Egg Without a Chicken)。在这件作品中,Larkins选用豌豆蛋白、盐和藻类衍生物制成了不同形状的"蛋"以作为鸡蛋的替代品。除了形状各异,安妮·拉金斯的这件作品亦像真正的鸡蛋一般拥有蛋白、蛋黄和蛋壳,并具有相似的味道与营养价值。这一作品不仅打破了大众对食物的刻板印象,亦让我们开始对日益严峻的食品短缺与生产的问题有了新的思考。面对食品短缺的问题,荷兰设计师马蒂尔德·鲍尔哈温(Matilde Boelhouwer)为我们提供了新的思路,即探索如何让昆虫成为常规食物的替代品。通过研究,马蒂尔德·鲍尔哈温发现从昆虫中摄取蛋白质,比饲养食用家禽要环保得多。此外,给昆虫投喂的饲料

卷三 食之设计 083

马蒂尔德·鲍尔哈温研发的昆虫果冻和昆虫糖果

不同,昆虫在料理中的味道也会有所不同。在此基础上,马蒂尔德·鲍尔哈温以昆虫为原料研发出了昆虫果冻和昆虫糖果。

与此同时,食物的浪费亦是我们需要解决的重要问题。英国机械工程师学会(IMechE)曾在一项相关研究中指出:"我们每年生产大约40亿吨粮食,因为收割、储存和运输中的疏漏,以及销售与消费中的浪费,估计约30%~50%的食物,大约12亿~20亿吨,没能到达人类的胃里。这个数字甚至没有反映出生产这些最终成为垃圾的粮食,其过程中浪费的土地、能源、化肥和水。"可以看出,食物的巨大浪费对于今时今日世界各地食不果腹的人而言是多么残忍和可耻。哥本哈根摄影师佩·约翰森(Per Johansen)所创作的系列作品《满》('MAET'eng.'FULL')就是对当下饮食消费的反思。在这一系列作品中,佩·约翰森将生肉、鱼、鸡蛋、蔬菜等多种食材塞进了透明的玻璃罐或塑料瓶之中,直到完全溢出。整个作品就像每日陈列在商场货架上的商品一般,像极了唯美的静物,但又有种既痛苦又荒谬的感觉。正如佩·约翰森所言,"我一直有种被填饱、被塞满的感觉,不只是生理,而是我们对物质的崇拜已经影响到每个人的思想。"正因为我们对物质无节制的占有和消费才导致了浪费的产生。对食物亦是如此,无论我们渴望将其塞满冰箱还是填充口腹。与此同时,越来越多的人不得不通

系列作品《满》，佩·约翰森（丹麦）

"人类土狼"项目，龚保罗（中国台湾）

过减肥手术，或是精神科医生的协助来摆脱暴饮暴食的生活习惯。现在，"你饱了吗？"成为我们每个人都需要思考的问题。

与之不同，面对日益严重的食物浪费，来自台湾的设计师龚保罗（Paul Gong）的"人类土狼"（Human Hyenas，2014年）项目借助合成生物学彻底改变人类消化系统，试图解决食物浪费的难题。在这一项目中，龚保罗想象超人类主义者和生物改造爱好者形成了一个概念团体，利用合成生物学来创造新的细菌，并利用新型工具改造他们的消化系统。龚保罗设计的这一系列器具里面装满了可消化腐食的细菌，人们通过这根管子吃下细菌就可以达到消化腐食的效果。为了降低腐食中令人不悦的气味与口味，在其中加入神秘果中的蛋白成分。这种蛋白经过一段时间可以使得酸性食物变甜，进而使得腐败的食物闻起来有香甜的味道，以此来改变人们嗅觉和味觉的感受，让人类像土狼一样拥有不同的嗅觉和味觉，安全舒适地食用腐烂的食物。

## 3.饮食、文化与情感

汪曾祺曾在《食事》中写道："黄油饼是甜的，混着的眼泪是咸的。就像人生，交织着各种复杂而美好的味道。"自古以来，对中国人而言，理想的生活都是一半诗意一半烟火，其中交织着的亦是人生的种种酸甜苦辣。食物，不仅是人与人建立情感的一种方式，更是我们构建历史、文化与社会的一种方式。

关于食物与人类情感关系的研究是一个有趣的方向。食物是怎样通过影响我们的味觉、肠胃、大脑来让我们感到愉悦和幸福的呢？带着对这一问题的思考，在2018年荷兰设计周上，荷兰的埃德霍温食物设计工作室THE EATELIER和创意厨师PIPPENS合作完成了一场名为《28克的幸福》（*28 Grams of Happiness*）的食物设计体验。在这一体验中，他们认真研究了这一问题并精心制作了16道餐品，并邀请了28位客人共同坐在一张餐桌前来体验这场有关食物健康与幸福的实验。这场食物设计实验意在研究如何通过食物培养幸福感的巅峰。它经历了由浅到深三个不同的层次。首先最浅显的就是在感官层面，即我们是以何种方式来感知世界的。通过口味、气味和质感，让我们了解到为何我们会有愉悦感。其次开展食物对大脑影响的研究。比如，食物如何改善人类情绪，提高心智能力、学习技能以及处理问

《28克的幸福》食物设计体验

《白色葬礼之宴》，玛瑞吉·沃格赞（荷兰）

题的速度。最后则是对食物如何改善身心健康，特别是消化系统健康的探索。当人们关注身体内部消化系统有益菌群的同时，会自然思考如何喂养它们以预防和治愈精神上的不适。这会对预防性和个性化的现代医疗保健产生潜在的影响。

对饮食、文化与情感这一主题有深刻思考的还有荷兰食物设计师玛瑞吉·沃格赞。她1999年设计的作品《白色葬礼之宴》（*White Funeral Meal*），通过葬礼上用餐的设计来试图建立食物与情感、生者与死者之间的对话。众所周知，在许多文化中，白色都象征着死亡。在《白色葬礼之宴》中，玛瑞吉·沃格赞全部采用了白色的食物与特制的白色餐具，让参加葬礼的亲朋好友在宁静的气氛中分享着他们的晚餐与记忆。通过这件作品，玛瑞吉·沃格赞表现了食物不只可以将人们联系在一起，更是串联起人们情感与记忆的纽带。

## 4. 食物、生命与道德

在人类的食物列表中，肉类占据着相当大份额。随着现代工业化的发展，肉类制造业中屠宰的过程对于消费者而言是隐藏起来的。人类消费肉类，往往忽视了动物的死亡与它们生命的价值。在肉类消费中，生命与道德的重量又该如何被衡量？中国香港设计师谭君妍就通过她的设计作品《0.9克黄铜》（*0.9 Grams of Brass*）来讨

卷三 食之设计　　087

论食物生产系统背后复杂的伦理观。在这一作品中,谭君妍设计了一个自动贩卖机,出售狩猎后的子弹壳所制成的回形针,观众以等值的价格(0.05欧元)来购买这每枚0.9克的黄铜回形针。弹壳是现代社会大规模生产模式下快速、高效杀戮过程中与死亡并存的产物,让我们看到了生命不可承受之轻的一面,即0.05欧元=0.9克=一条鲜活的生命。与之形成对比的是,原始部落的人类,在屠宰动物之前都会祈祷,解剖的方式也颇为不同。他们消费肉类动物的数量也少很多,只在举行仪式之时宰杀一两头牛。这一作品在提醒大众动物生命流逝的同时,还提醒人们需要重新评估肉类制造业中的生命价值与道德价值。

谭君妍还创作了作品《未来奶牛的奖杯》来讨论奶牛的生命价值。众所周知,奶牛

《0.9克黄铜》,谭君妍(中国香港)

《未来奶牛的奖杯》,谭君妍(中国香港)

是现代农业中被高度驯化和操纵的动物之一。随着乳制品消费的增长,在过去的25年之中,人们使用生长激素、高能量饲料和遗传选择手段,使得每头奶牛的产奶量平均增加了61%。在荷兰,如果奶牛产奶量达到10万升,农场主会获得牛奶公司颁发的一个奖杯。这样的做法就使得奶牛逐渐成为生产牛奶的机器,而不是有生命有知觉的动物。在此基础上,谭君妍设计了3个奖杯来颁发给那些"完美的奶牛(机器)":最多产奖,颁发给生育能力强大的奶牛;最多母牛产出奖,颁发给频频生出小母牛的奶牛;产量增长最多奖,颁发给持续增加产奶量的奶牛。这些奖项听起来很讽刺,但引发了人们对乳制品过度消费以及忽视奶牛生命价值的思考。

此外,谭君妍和顾广毅创作的作品《新满汉全席》亦是对食物消费、生命、责任与道德的思考。众所周知,满汉全席是清朝皇室盛宴的代称,将满族和汉族的文化糅合为一,其中蕴含着多道以珍稀动物为食材的菜式。近些年,随着环境污染与气候变化,很多生物都已濒临灭绝,人们动物保护与生态保护的意识也逐渐高涨。在这种形势下,《新满汉全席》尝试结合生物科技以及现有畜牧业的调查开发一系列菜肴,将中国传统文化遗产和先锋的食品生产科技融合起来。例如,其中有一道菜是"超级混种鱼翅",借助基因改造技术把世界上最大的两种鲨鱼的

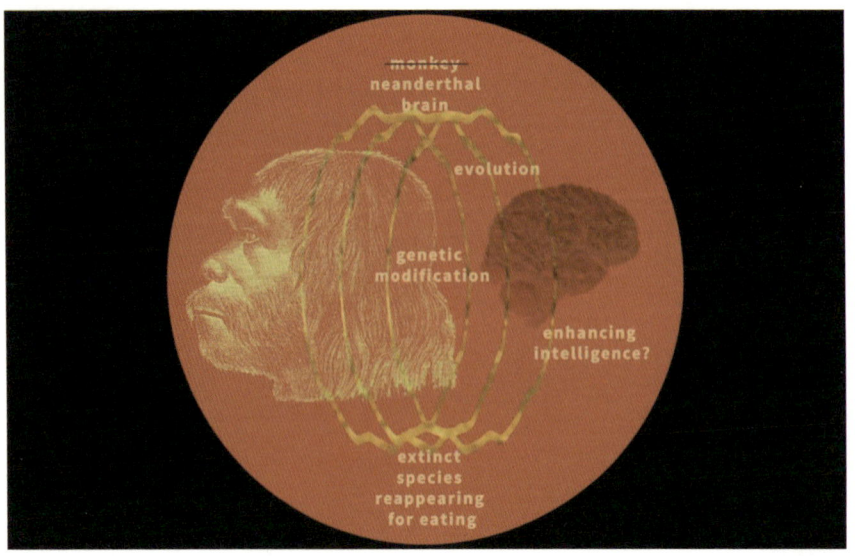

《新满汉全席》，谭君妍，顾广毅（中国）

基因相结合，并利用3D生物打印技术，把含有混合基因的细胞打印成比平常鱼翅尺寸更大的超级鱼翅。利用合成的巨大鱼翅特殊的口感与风味，强调其比野生鱼翅更为珍贵稀有，以期取代捕鲨产业。这一作品不仅探讨了食品消费中的环境与社会责任，更探讨了传统饮食文化与生产道德规范之间的矛盾如何解决的问题。此外，还提出了在传承传统饮食文化的同时，借助新生物科技的发展来拓展大众对未来食物系统的想象，进而解决人类面对的全球道德困境（包括环境污染、虐待动物以及大规模生态灭绝）。

让每个生命都有尊严地生活亦是每个食物设计师的社会责任。在人类社会中，每年都有很多人因为疾病，诸如肌肉萎缩症、神经学疾病、癌症、进食困难等不得不依靠人造胃管进食。食物直接通过泵压进胃里，对进食者而言不仅痛苦而且无法享受到食物的任何味道与美好，他们的社交生活亦深受其困。因此，荷兰设计师路易斯·克诺普特（Louise Knoppert）设计了一套名为PROEF的工具来帮助进食困难者感受食物的美好。全套包含了9个小工具，提供了感觉、味道和动作方面的感受。例如，Vapor（喷雾）采用了雾化技术，将令人愉快的味道喷洒到舌尖上；Dip（浸沾）可将食物浸泡成糊状，通过直接舔或刷到舌头上来让人感受食物的令人愉快之感；Ice（冰块）用层层相叠的冰包裹了可口的液体，让人感受到冰感；

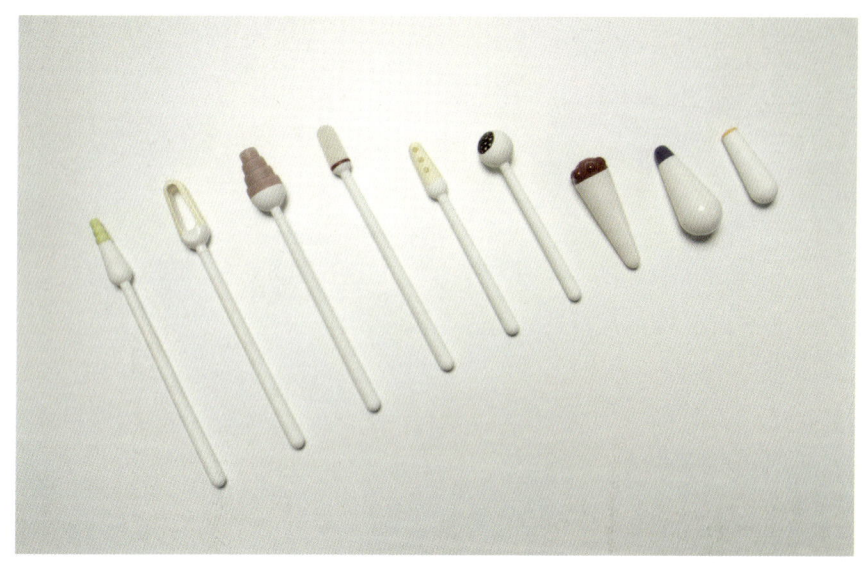

名为「PROEF」的工具，路易斯·克诺普特（荷兰）

Sponge（海绵）可以让人从中吸取到液体；而Foam（泡沫）则会把内部液体摇出泡沫，入嘴后会有刺激的口感，随着泡沫的消失，还会有特殊的声音。这套人性化的产品不仅帮助饮食困难者体验到了饮食的美好和社交的愉悦，还引起了更多人对社会弱势群体的关怀。与之类似的还有西班牙分子料理大师费兰·阿德里亚（Ferran Adrià），在关掉其世界闻名的斗牛犬餐厅后，将制作分子食物的大机器改制成小工具，赠与癌症家庭作为临终关怀，希望可以制作胶囊食物来提高吞咽困难病人的生活质量。

除此之外，中国台湾设计师姚彦慈为阿尔茨海默病（老年痴呆症、失智症）患者设计了"Eatwell"餐具。这套餐具是姚彦慈根据在照顾患阿尔茨海默病的祖母的过程中的深切感受而设计的，包含一个托盘、一支汤匙、一把叉子和一组彩色的杯碗盘子。随着病情的加重，阿尔茨海默病患者将慢慢失去沟通和自理能力，精神与生理的双重挑战，使得吃饭、喝水都变得困难。在进食过程中，打翻杯子或洒出食物等常常发生，这不仅影响家人一起吃饭的情绪，还会使得患者因饮食不足而加快病情恶化。这套"Eatwell"餐具，采用明亮的颜色，是为了促进患者的食欲；倾斜的碗底和杯底使碗中的食物始终聚集在碗内一侧，方便舀取；餐具底部的防滑橡胶使其不容易被打翻；盘子和汤勺的弧形相吻合，降低舀取食物的难度；碗的一侧呈

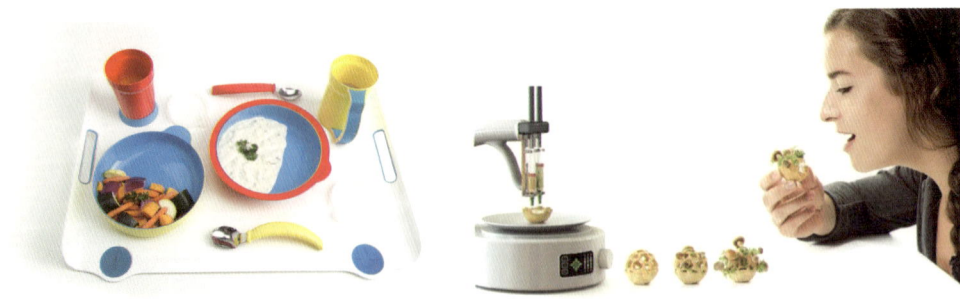

右 《可食用的生长》，克洛伊·鲁泽维尔德（荷兰）
左 名为"Eatwell"的餐具，姚彦兹（中国台湾）设计

直角，可以防止患者将食物拨出去。托盘上还可嵌入餐巾来避免弄脏患者衣物。"Eatwell"的设计让患者的进食动作变得更加简单且易于控制，改善了患者的进食问题，使他们逐渐能够独立用餐，重拾自理生活的能力和乐趣，进而使得患者在生活中感觉更有尊严。关于帮助阿尔茨海默病患者的进食设计还有英国设计师刘易斯·霍恩比（Lewis Hornby）的 Jelly Drops，这是一种帮助阿尔茨海默病患者补充水分的水滴形甜味果冻药水。由于患者脑部退化，他们往往对口渴的感知降低，经常忘记喝水，也拒绝喝水，所以脱水成为阿尔茨海默病患者最常见的死亡原因之一。因此刘易斯·霍恩比将 Jelly Drops 设计成鲜亮可口的软糖，含有 90% 以上水分的凝胶和电解质。鲜明的颜色和零食一样的包装使得患者很容易注意到它，吃下一整盒 Jelly Drops 相当于喝了三杯水，就达到了患者每天所需的喝水量。

## 5. 未来、社会与环境

正如荷兰设计师玛瑞吉·沃格赞所言："设计师可以帮助人们意识到食物的价值，并构建一个更健康的未来。"未来食物设计的发展亦是我们需要关注的重要方向。未来的环境、社会经济、政治和科技将会如何影响全球食物的变化和人类的饮食习惯？我们该如何回应资源匮乏、动物福祉、食物浪费等问题，并面对大数据和科技所带来的影响？带着对这些问题的思考，多位设计师为我们做了有益的探索。例如荷兰设计师克洛伊·鲁泽维尔德（Chloé Rutzerveld）的作品《可食用的生长》（*Edible*

Growth），通过3D打印和分子技术，将芽菜种子和菌菇孢子一起打印进蜂窝状面包外壳之中。数天之后种子发芽，面包表面就会长出可口的植物幼苗和蘑菇等可食用真菌；再过一段时间之后，幼苗就会长成蔬菜。在每个阶段，蔬菜和蘑菇的口感都在逐渐变化，消费者可以选择在哪个阶段食用它们。3D打印食物的方式使得生产线大幅度缩短，人类获取食物需要的交通成本和土地成本也大大减少。新技术一直在影响着我们的饮食习惯、食品供应链以及制作的方法。

食物亦是推动社会变革的重要动力。在未来世界中，食物、科技与社会将会发生怎样的变化？艺术家玛丽·卡耶与阿维德·詹斯在其艺术创作《共生自主机器》中就对这一问题做了深入的思考。《共生自主机器》能够利用菌种来生产饮料然后售卖，是一种小规模的自动化食品生产系统。兼具机器人功能，可以智能地管理食谱、价格、维修、服务和劳动力，仅在必要的时候需要人类的协助。在这个作品中，艺术家们希望通过将机器地位合法化来加强机器与人类之间的协作关系，并基于人和机器之间的信赖关系建立一个新的经济及法律体系。此外，荷兰设计师玛瑞吉·沃格赞的作品《鸡蛋交易所》（The EGGCHANGE）也反思了现代市场经济与食物的关系。在这一作品中，鸡蛋变成了可储蓄的货币，在银行开户的时候，人们会收到一个受精的鸡蛋。在这里，货币变成了有生命价值的鸡蛋。人们可以选择将鸡蛋带回家吃或者将其孵化出来并把鸡养大。在这里，经济是基于生活本身的，资

《鸡蛋交易所》，玛瑞吉·沃格赞（荷兰）

本利益就变成由自然法则而非市场机制所决定了。鸡养大后，人们还需要决定是继续饲养或是亲手屠宰烹调，如选择后者，又需面临屠宰所带来的道德困扰。平常我们在超市购买鸡肉是看不见屠宰过程的，但并不代表我们没有杀过鸡。很多时候需要亲身经历，才会明白经济、生活及道德之间的拉扯与抉择。

食物设计与未来环境的发展息息相关。一方面，大工业化的食品生产以及非环保包装的使用给环境带来巨大危害；另一方面，随着环境的变化，水土资源的流失，传统的种植业、畜牧业、养殖业亦面临着巨大挑战。为了应对未来资源枯竭、食品短缺的情况，南非开普敦的H设计工作室（Studio H）与荷兰农业公司特赛尔盐场（Salt Farm Texel）合作研发了一系列耐盐作物，包括胡萝卜、草莓和西红柿等，希望以此来应对全球淡水资源短缺的问题。关于畜牧产品过度消费的问题，长久以来都没有得到正确的认知。众所周知，畜牧饲养占用了很多的土地，在巴西，很多热带雨林因之而被清除。过度放牧不仅造成了粪便污染、土地贫瘠、自然生态系统破坏等后果，有专家称，牛、羊等动物在消化过程中还释放出了大量的甲烷气体，加剧了全球变暖趋势。面对这一问题，食物设计师卡罗琳·尼卜林（Carolien Niebling）通过研究新型可食用蛋白，设计了一系列"少肉香肠"，希望向人们传达出"少吃肉"的理念。在"少肉香肠"的一系列设计中，卡罗琳·尼卜林将水果、蔬菜、动物肝脏和昆虫蛋白以传统香肠的制作方式组合而成，诸如萝卜、杏子和椰子香肠，肝脏树莓香肠，昆虫蔬菜香肠等。她请来两位摄影师为这些"少肉香肠"拍摄了一系列能体现其"个性"的照片，并基于有关香肠的研究撰写了《未来香肠》（*The Future Sausage*）一书。该书成为2017年的优秀出版物。

「少肉香肠」，卡罗琳·尼卜林（瑞士）

"品尝雾霾"项目，基因美食中心

对食物与环境关系做出思考的还有国际组织基因美食中心（The Center for Genomic Gastronomy）的项目"品尝雾霾"（Smog Tasting）。在这一项目中，该组织招募了一批印度Srishti艺术设计与科技学院的学生，让他们去往印度班加罗尔不同地区，通过打发蛋清采集雾霾。在打发蛋清的过程中，泡沫中混入的空气量高达90%，自然就收集到了当地的雾霾。然后将其做成蛋白酥曲奇，并将这些雾霾曲奇送给当地人品尝，进而引起人们对环境问题的关注与深思。

## 6. 结语

四方食事，不过一碗人间烟火。人间烟火是充满诗意的，饮食这件事中饱含着对生命、对生活的热忱。对个人而言，人、食物、生活、思想与情感是相互交织在一起的。对群体而言，一个国家、一个民族的食物、文化、礼仪、社会、经济、政治与环境的发展亦是相互联系与影响的。食物设计作为一门新的学科虽然才刚刚起步，但却为重新审视食物与人、环境、社会的关系提供了新的研究视角。食物设计作为一个媒介，不仅可以改善人与人之间的关系，让我们重新思考不同生命的价值与尊严，为弱势群体提供更多的社会关怀，还为社会与环境的可持续发展提供了新的思考角度。

（本篇插图均由作者提供。未经其它标注，皆来自网络。）

## 卷四 食之运动

这种『新零售』不为赚钱为什么 台湾学者『帝都』观察记 万尹亮

在秦岭，见证人与蜜蜂的古老约定 吴船

## 这种『新零售』不为赚钱为什么
### 台湾学者『帝都』观察记
万尹亮

2018年4月，我到北京访问食农团体，印象最深刻的是遇到了绰号"海盗"的北京有机农夫市集的工作人员。那天市集结束后，"海盗"陪我远赴郊外去访问大陆地区最早的社区支持农业（CSA）农场之一——小毛驴市民农园。那天刚好是小毛驴十周年生日。离开农场前，一位大哥问"海盗"："农夫市集做得怎样？赚钱了吗？""海盗"人虽娇小，但是语气很坚定："要是学电商那套，我们可以赚很多钱，但这不是我们要的。"

我在旁边听到这句话竖起了耳朵，"不是为了赚钱，他们为的是什么呢？"不过"海盗"并未多说。

近年，食品安全和环境污染的问题越发受关注，促使消费者寻找安全健康的食品，的确也有不少企业瞄准这块商机。同时还有一群不一样的团体：

作者（右）与北京有机农夫市集的"海盗"合影。她曾经在银行工作，因为认同支持有机小农的理念而加入市集工作。虽然日常要面对很多琐碎的工作，但是每次下乡拜访农友，是她最快乐的时光

CSA农场、农夫市集、共同购买团体等等。他们提倡友善环境的在地耕作，也强调消费者和生产者面对面互动，还在消费者之间推广吃在地、吃有机、吃"真食物"，并且没有把营利甚至赚钱放在优先位置。

我这次访问北京食农团体，正是想了解他们对食物的想法，以及他们如何促成消费者对食物的重新建构。春天的北京行我听了许多有趣的故事。我想通过这些故事来讨论一下北京食农团体的团结行动和在环保方面的实践。

## 一、食物和虚构商品

在田野调查的过程中，我听到许多人从产业的角度谈生态农业，从商品的框架看待有机食物。从这个角度，他们质疑农夫市集、消费合作社或CSA农场能否成为农业和食品安全的解决方案。同样的辩论也在中国台湾的小农派和农企派之间展开。我认为各方核心的争议点在于：一方认为食物是商品，所以买得起、买得到、卖得好最重要；另一方则认为食物不应该只是商品。那么，当代的食物到底是不是"虚构的商品"呢？

这要从一个著名的社会理论家卡尔·波兰尼（Karl Polanyi）谈起。波兰尼认为，我们社会的主要经济制度是市场。市场交易强调个人主义，强调追逐自利，这样的市场交易模式也影响了人与人、人与自然的关系。以前市场只是社会的一部分，现在市场不断扩张，社会成了市场的从属，变成了一个什么事都讲价格和利益的"市场社会"。

在这个"市场社会"中，波兰尼认为有三种商品是被人为虚构出来的：人、土地和金钱。他说这些本来不是为了在市场上交易而产生的——人不是"制造"出来的，也不该"卖"；土地也不是为了买卖才被"生产"出来的；货币原先也只是交易的媒介。可现在市场上却将以上三者当作商品买卖：人被当作劳动力，土地被当成地产炒作的标的或是开发所需的自然资源，金钱被当成资本商品。

波兰尼认为这三者代表的市场逻辑渗透并破坏了社会根基：劳动者被剥削，自然被破坏，信任（货币所仰赖的社会基础）也越来越薄弱。许多食农团体从这个角度批判当代的农业，他们认为市场化让农业成为产业，令农人成为市场劳动力，令土地成为生产必要的投资。于是越来越多的人开始抗议——农业不该是产业！

对"真食物"的强调凸显了这样的看法：食物现在变成了食品，也就是食物商品。食品的价格随着供给需求波动，随着炒作忽而过剩忽而短缺。对于食品而言，最要紧的是好看、好吃、便宜、耐久。市场竞争还创造出"伪食品"，使其看起来、闻起来甚至吃起来像食物，但其实这并不是真正的食物。

食农团体认为当食品成为这样的"虚构商品"，不只伤害了人的健康，还破坏了社会所仰赖的土地、信任、公平。我们忘了食物最重要的不是价格，而是价值：营养价值、劳动价值、社会文化价值以及生态价值。

波兰尼认为，社会应该是制衡市场的力量。那么，在食物领域，我们能够将食品去商品化，找回食物的本真吗？

## 二、行动与思想实验

回应上面的问题，也许最好的办法就是直接品味、认识食物。这正是目前国内各种农夫市集正在尝试的事情。透过面对面、密切的互动，消费者有可能不再只是被动地接受市场定义，而是去珍惜食物本身的特质、味道，进而思考食物如何受到生产方式的影响，如何因不同地方的环境与季节形成区域的特性。

北京有机农夫市集将两种声音汇集到一起。第一种是农友的声音。我以为我会听到农友骄傲地谈农法、谈论自己种出的食物有多好。出乎意料的是，我听到一位年轻农友述说他对土地的情感、对商品化农业的批判，他认为经济发展破坏了农地，弄坏了食物。他说："我们被这个时代淹没了。"我想他说的时代就是市场社会。在这个被市场社会淹没的时代，农友来这里，是想找到志同道合的人。

我更好奇北京这样一个国际性的大都会，市场选择越来越多，消费者要怎么认识"真食物"，怎么认识农友？

作者（右）在北京有机农夫市集采访"喜乎面点"的李庶

好在我也听到了第二种来自消费者的声音。来这里，消费者找到了好的食物，也找到了朋友和信任。一位大姐说："我不想再为买而买，这里的食物，下刀下口就知道不同。"有些消费者进而成为志愿者，来市集帮忙。

还有一些消费者，变成了专业的食农支持者，进一步成立了共同购买团体（消费者合作社）。为了找到好食物，这些消费者一家一家农场去探访，向农人学习，从食物认识土壤。他们把不同的农法、食物的各种知识介绍给共同购买的消费者。虽然还不成熟，但他们的确在不断地讨论什么是好食物，试图去重新界定食物的品质该有哪些元素、不该有哪些元素。

他们不只分享好食物，还在进行一个社会实验。我采访的两个消费合作社各自说出了类似的话。净土合作社的薛遇芳说："我们不要再抱怨这个时代了，做就对了。"清北消费合作社的金海蓝则说："不能坐着抱怨，现在诚信问题已经有迫切性了，行动才是我们的救赎，这是一个思想的实验。"跟前述的农友一样，他们都看到了时代的意义，都谈到了消费者行动的必要性，也认识到这是思想和行动转变的必然方向。

卷四　食之运动　　101

在这个实验中，食农支持者类似于社会学所讲的公民消费者（citizen consumer）。公民是人在公共领域的角色，追求的是社会的公平正义；消费者则属于私人领域，追求的是个人的欲望满足。在市场社会中，消费者是上帝，消费者永远是对的；而对公民和消费者进行二分法定义，也导致人们逐步放任市场侵蚀社会。公民消费者则是消费者从私人领域踏进公共领域，努力让社会的价值回到市场。

## 三、消费作为团结和环保的实践

农夫市集、CSA农场、共同购买团体，在社会学中被称为"另类（或替代性）食农网络"（alternative food networks）。"另类"指的是与大规模工业化生产不同的生产和消费模式；"网络"在这里不同于连锁超市或大型电商，是用不同的组织形态，缩短生产与消费的距离。农夫市集是另类市场，CSA农场是另类农场，共同购买团体则是另类的消费社群。

这些食农团体有两个看似可以结合，但其实不容易兼顾的目标。

第一个目标是希望消费者和生产者之间可以发展出社会团结的意识，进一步促使参与其中的行动者关心地方的生态、社会关系、经济发展。

第二个目标则是期待食农网络有具体的环境实践。除了用生态的农法减少土地、水的污染，当消费者对食物、对生产过程有了亲身的理解，也可能改变他们选购、烹调和回收食物的方法，从消费端减少环境的成本。

北京的食农团体是否，以及如何，在这两个目标上行动？我原先预期来农夫市集的消费者会停留在中产阶级为求自保而寻找安全食物的这个层次上，或是展示一种新兴的环保品味。毕竟任何的社会行动在市场逐利的时代，都容易显得无力、过时。

当然这样的消费者是有的。但我也听到消费合作社的人讨论农村的凋敝以及农村留守儿童的健康问题。清北消费合作社的金海蓝就明确谈及结构和不同社会群体间的公平问题。她说："食物是世界性的，也能反映时代的问题。"消费者团体希望成为支持的力量，支持的不是品牌，而是活生生的人和具体的社区。我也观察到有消费者在开展可持续生活的实验，比如使用环保购物袋，在家用酵素进行厨余堆肥，

北京有机农夫市集社区店

减少垃圾和排放，等等。

不过，无论是团结还是环保，就我的观察而言，北京的食农团体还在摸索当中。目前有一些方向，也有一些实验，但还有更多的问题需要思考。例如，他们还未明确，食物所涵盖的多元元素，是该让社群去参与食物的界定，还是仰赖专业热心的前辈？

他们也还没有进一步去探究：
中上阶层除找到安全健康的食物自我保护之外，如何真正协助弱势的农人？
如何协助社会弱势群体的食物权？
如何保障未来世代的食物权？
在中国成为巨大的消费国过程中，这里的消费行为如何影响远在天边的第三世界人群的食物权？
生产者和消费者之间应该如何互动？
如何让社会各界充分地参与到食物体系的改革中去？

卷四　食之运动　　103

北京有机农夫市集现场

可持续的生活除吃好食物、养成好习惯之外，是否需要进一步改变我们的社会文化和相关制度？

更深层的议题，比如：
社会团结的目标和环保目标冲突了该怎么办？
食农团体是否需要更多的市场吸引力？
有无可能在引领主流消费者的风潮的同时，也引导他们走向公共领域？

这些都有待持续的探索。

## 四、两难话题：社群还是市场？

事实上，欧美食农网络也往往被批评为只创造非主流的利基市场（niche

作者（右）在市集上采访

market），并未动摇主流的食农体系，甚至有过度浪漫化地产地销（local trap）之嫌。许多食农团体复制了社会上的不平等和权力关系，变成城市中产阶级的自我保护甚至是地位标志。

美国学者阿尔康（Alkon）和格思曼（Guthman）批判食物运动和新自由主义的关联。他们认为，许多另类食农网络只是追求建立另类市场选择，而不谈食物的正义（food justice），以及食物体系里的不平等。例如劳工、移民等弱势群体缺乏获得健康食物的渠道，农业对劳动者的剥削，过度使用农药产生的健康伤害等。这类食农网络落入了新自由主义将责任个人化、市场化的逻辑陷阱。

因此，各类食农实践不能只将食物的生产跟消费拉近，靠消费者去承担社会责任，这可能是危险的，还要面对和处理食物体系中的不平等、社会和环境的正义。这是更大的挑战。北京的食农团体跟其他社会组织相比，更是左右为难：一边是被资本和政策加持的电商和大型农企，一边是盛行的消费主义。因此，参照中国台湾的食农运动，有几个问题是我希望持续观察的。

1. 要让社会重新去界定食物。北京食农团体要如何创造空间，让消费者成为社群，让消费成为学习、行动的起点，而不是终点？

2. 邀请多方进行社会对话，促进行动扩散。能否拥有开展公共讨论、将食物的多种议题深入检视的平台？

3. 食农牵扯多元的议题以及多方的行动切入点。食物浪费问题引起重视。不同食农团体，能不能串联起各自不同的角色，一起创造一个另类的食农生态系统？

从这些角度看来，北京乃至中国内地食农团体的行动，都是值得公众、媒体和专家在未来进一步关注的。

（本文图片均由作者提供）

# 在秦岭，见证人与蜜蜂的古老约定
**吴船**

酒过三巡，海波慢悠悠地说了句："说真的，有时候我自己都佩服自己。"

他指的是自己当年突击种下4万棵树的壮举，还是后来教全村人通过现代化养蜂增收的成绩，或是如今作为民间公益力量带领大伙自发跑巡护的雄心？可能只有微醺之下的他自己才知道吧。

2019年5月初，笔者初次来到陕西省汉中市洋县所辖的朝阳村，在这座位于秦岭南麓、毗邻自然保护区的山村做志愿者。"80后"的山村青年彭海波作为一家之主接待了我们，同众人吃着晚饭，聊着闲天。

这是一则关于秦岭的蜂和人的故事。

## 1. 古老的约定

一条依山势迂回的水泥乡村公路，一侧沿河绕滩，一侧贴着长青国家级自然保护区[1]边缘的坡地，在婆娑树影遮蔽下，将我们送入秦岭褶皱深处。

黄河与长江之间，站着秦岭。作为中国地理与气候上的南北分界[2]，从人类的视角看，巍峨宽阔的秦岭是阻隔，是险境，是一首传诵千年的"蜀道难"。然而就自然生态而言，它又是人口稠密的中原地区范畴内，难能可贵的野生动植物庇护所及生态系统保育地，生物多样性丰富，跻身"全球生物多样性关键地区"[3]。 就我所拜访的长青保护区及周边山区而言，森林覆盖率可达90%以上，高等植物总数超过5000种，脊椎动物有800多

---

1 以下简称"长青保护区"，现已纳入"大熊猫国家公园"体系。
2 广义上的秦岭西起昆仑，中经陇南、陕南，东至鄂豫皖，横绵东西。
3 单之蔷：《秦岭：中国人的中央国家公园》，《中国国家地理》2005第6期。

卷四　食之运动　　107

种，国家一、二级保护动物有79种，其中的大熊猫、金丝猴、羚牛、朱鹮最为著名，并称秦岭"四大国宝"。

作为一个北京市民，我可能尤其要感谢秦岭。从它南麓山区涓滴汇聚而成的汉江水系，正是"南水北调"中线工程的主要水源。可以说北京每输入100吨"南水"，秦岭就贡献了70吨。而海波的家乡朝阳村，就守在沿汉江层层上溯到沟谷纵深处的一条小小支流——九池河之畔。

被丰茂、原真的自然环境包裹着的山村，与平原垦区的村庄大相径庭，氛围总是异常安宁，人置身其间，极易失去时光流逝之感。"山中方一日，世上已千年"[1]虽出自异闻，却也是某种真感了。

当日头白花花地照着大地，空气中不绝如缕的工蜂振翅的嗡鸣，像整座村庄午睡的轻鼾。在村内外的小道上走走，老屋的坡檐下或向阳的崖壁上，常可见横置着几段不到1米长、约莫40厘米粗、一剖为二又上下咬合的原木桩。西晋博物学家张华曾于《博物志》中记："远方诸山蜜蜡处，以木为器，中开小孔，以蜜蜡涂器，内外令遍。春月蜂将生育时，捕取三两头着器中，蜂飞去，寻将伴来，经日渐益，遂持器归。"那一段段原木，就是被陕、甘、川等地山民沿用至今、"以木为器"的传统蜂箱——"棒棒巢"。

以原木柱为材料的『棒棒巢』（摄影：吴船）

---

[1] 出自东晋虞喜《志林》。

「棒棒巢」特写（摄影：梁媛）

人类很早便与蜜蜂相遇了。从最初偶然在洞穴或树干内发现野蜂巢，直接取食蜂蜜、蜂子，人们逐渐学会了发现蜂巢后先原地做好标记，日常多加看顾，再适时收割的"半放养"方式。中国西南某些少数民族，至今仍沿用类似的"原洞养蜂法"。

在有文字可考的记载里，《诗经·周颂》所记"莫予荓蜂，自求辛螫"两句，是

蜜蜂由开在「棒棒巢」接缝处侧面的小口进出（摄影：吴船）

汉语世界里"蜂"字的首度亮相。用大白话说，就是"不去招惹蜜蜂就不会挨蛰"，这道理古人也明白；但在人类漫长的发展史上，起初的很长一段时间里，蜂蜜都是最早和最主要的甜味来源（而非后来崛起的蔗糖），常常被作为至味珍馐，特供王公贵族独享。在美妙滋味和丰厚回报的驱使下，人类从未放弃过对蜜蜂的利用。

东汉时期，国人已初步摸索出驯养蜜蜂之法。皇甫谧在《高士传》中提及的东汉人士姜岐，可能要算中国有史以来第一位被记载的养蜂人。据书，姜岐不愿受召出仕，不仅自己藏身深山养蜂、养猪，还顺便教出了徒弟三百。可见当时人们掌握的养蜂技艺已经比较稳定、适于传授推广了。

及至唐代，养蜂的一些经验方法已被详细录入《四时纂要》这样的农书里；出现了专事产蜜的职业养蜂人，普通农户也更多地将养蜂当作一项副业了[1]——和当今朝阳村这样的西部山村几乎没什么两样。而另一方面，也可以说，中国养蜂技术演进至此，就进入了某种缓滞阶段。

海波说，仅仅十年前，他家这边的人养蜂还完全不是今天这个样子。"那会儿不讲什么科学管理，养法那可是五花八门的。"他呵呵笑着说。

---

1 杨凯：《唐代蜂业研究》，陕西师范大学硕士论文，2019。

祖祖辈辈就是这么传下来的。那时候村里人每年会回收或新制一些粗简的"棒棒巢"。其制作方法无非是将一截树干纵向剖开，掏空其中木芯，变成一个上盖下槽的圆柱体容器。蜜蜂由开在接缝处侧面的小口进出，在内部自行建起由片片相互平行的巢脾构成的蜂巢。如张华书中所述，人们仍会在"棒棒巢"上遍涂蜂蜡，再放到高处。然后，就只等蜂群自行"入住"了。

春季是蜂群"分家"的时节，行内称"分蜂"。老蜂王往往会将现有蜂巢留给它在开春后新繁育的新蜂王；同时派出侦察蜂另择新址，在新王孵化之前就带领部分工蜂飞离，入住新房白手起家。空木桩，即模拟蜂群于野外环境中的理想居所；涂上蜂蜡，是在用"家"的气味吸引侦察蜂。清明前后，既有的蜂群若出现分蜂现象，运气好，就能将新蜂群收入空巢，"一变二"；也有可能蜂群逃走了，到别处安家。逃就逃了吧。

取蜜是个麻烦。要从"棒棒巢"中取蜜，唯有掀起上盖，敲击下槽，将蜂群尽可能震离（当然是赶不净的，还有可能激怒工蜂继而挨蜇）；然后用镰刀之类的利器，将构成蜂巢的片片巢脾割下、捣碎，以便让封在蜡盖内的蜜液流出；再静置在筛网上，靠重力作用缓慢滤出原蜜。蜜割得好的村民，都比较会摸蜂群的脾气；而那些实在怕被蜇的，干脆先想法儿将一整群蜂"灭门"，再踏踏实实地把蜜割出来……

蜂农敲击着"棒棒巢"，让蜂群退散，以便露出巢脾（摄影：梁媛）

反正,今年的蜂毁了,明年再招一群回来便是。

这样的取蜜法,往往要割走巢里大部分蜜脾,也常囫囵捎上一些蜂群储存花粉和育幼的巢室,对整个蜂群的破坏力着实不小。所以蜂农们要想留蜂群越冬,只能挑那些群势较强、"余粮"和"住房"较多的蜂巢来割,一年下来往往有一多半"棒棒巢"是不够取蜜的。但从外观也不好判断"棒棒巢"内部的好歹,只能依次打开盖来看看,就像"开盲盒"。而即便是能取蜜的那些,所得多寡也天差地别,从一两斤到几十斤,全凭运气了。

总的来说,深赖山林馈赠的"棒棒巢"式养蜂,仍是一首千百年来不疾不徐传唱至今的田园牧歌。

西方世界则不然。虽然"故事"的前半段如此相似——悬崖洞穴探蜜、树桩草篓养蜂、硫黄杀蜂取蜜……这些"戏码"在包括西方在内的全球各地都曾一一上演,但当欧洲经历了16—17世纪"科学革命"的洗礼,步入自然科学与技术发展突飞猛进的时代,经过不断摸索、改进,终于在18世纪诞生了由独立巢脾片构成的活板式蜂箱,颠覆了此前沿用千百年的各种容器养蜂的原理,令养蜂者可以避免毁坏整个蜂巢来取蜜。在此基础上,19世纪中叶(1851年),美国牧师洛伦佐·洛兰·兰斯特罗思(Lorenzo Lorraine Langstroth)在巢脾片间设8毫米宽"蜜蜂夹道"的"朗氏蜂箱",解决了巢脾黏连问题,从而使养蜂人真正实现了对蜂巢灵活自如的控制。[1]活框蜂箱,已成为人类养蜂史上一个划时代的重大发明,至今仍是蜂业应用的主流。以此为标志,西方开启了现代养蜂之路。

直至20世纪初,活框蜂箱,连同与之高度匹配的西方蜜蜂的主要亚种——意大利蜂,才被引进中国。时局已至清末民初,家国积弱。而民间一些有识之士将西式养蜂等现代农业技术,视为实业救国、扶助民生的希望。

如中国现代养蜂业的先驱人物之一黄子固(1896—1958),原籍湖北江陵,后随父进京,1918年自财商专科学校毕业后,在北京协和医院做了一名会计出纳兼打字员。正是值此期间,他在医院同事中遇到若干养蜂同好,从业余养蜂始,

---

[1] 比·威尔逊著,暴永宁译:《蜂房:蜜蜂与人类的故事》,北京:生活·读书·新知三联书店,2019。

至1925年终从协和辞职，专门创办了养蜂实业"李林园"，并创刊《中国养蜂杂志》（1934年）。在创刊词中，黄子固表达了办此刊物不为博取"复兴农村"虚名，只愿在农村普及养蜂知识，帮蜂友解决实际问题，联络同志协同奋斗，通过发展养蜂事业为中国破产的农村、穷饿的农民做一点实事的心愿。

无独有偶，在20世纪的头30年间，各地纷纷成立行会、创办刊物、组织供销……在古老的中国大地上，掀起了第一拨新式养蜂潮。

> 中国养蜂，发明最早，只以囿于迷信，视为天财，墨守陈章，不知研究，以致毫无进展。民元以还，新法渐入，养蜂事业，始渐为国人所注意。于是改良中蜂，采购洋种，此倡彼随，日增月盛。及民国十七八年间，而华北养蜂热潮，竟陡升万丈，一时风起云涌，不论行商坐贾，达官贵人，与夫庸夫愚妇，卑仆贱婢，几都卷入养蜂场合之中。

对于百年前那场前所未有的变革，《中国养蜂杂志》创刊号中，一位被编者识为"在河北省兴隆县马兰镇设有蜂场，对于饲养中国蜂极有心得"的作者张玉之，是这样记叙的。

可惜不久，抗日战争爆发。华北之大，也已安放不下一方平静的蜂箱了。中国刚刚兴起的蜂业现代化进程，戛然而止。

## 2. 遍寻生计

现代养蜂技术传入朝阳村，已是21世纪的事了。说起来，这还是海波的"功劳"。

2007年，刚刚20出头的海波和对象小唐在大年初二才摆过喜酒，还没出正月，就被爹"赶"了出去，说要从此"分着过"。自打年轻起就是伐木好手和能工巧匠的父亲，嫌儿子不争气，愣是什么财产也没分给他。"那时候我就觉得，我爹咋一点都不爱我。"

这真的是白手起家了。海波说，当初一结婚，他就给自己定了个目标：不管用什么法子，每月一定得挣出1000块钱。

率先把现代蜂箱带回家乡的海波（左），如今已是本地改良中蜂技术的专家（摄影：郭运波）

钱从哪儿来？

海波家所在的山区海拔超过1000米，已非汉中传统的水稻产区。村民只能在河畔坡地上种些玉米和蔬菜。直到20世纪末，伐木、打猎、挖药材，都还是当地的传统营生和最主要的收入来源。同时，有赖原始山林的自然条件，当地的土法养蜂也同养鸡、养猪一般，属于各家房前屋后就可捎带着搞一点的小型家庭副业，随处可见。

然而，在当地"一业独大"的伐木活动，也对自然造成了沉重的打击。汉中作家丁小村在走访秦岭多地后写成的《秦岭南坡考察手记》（2017年）一书中描述：20世纪50年代以来，秦岭深处从国有大型森工企业，到县、乡、村各级集体林场，"大大小小的林场无从统计"。几十年持续、密集的砍伐，扫荡了秦岭南麓的原始森林，把一座座山岭剃成秃头。到了80年代，长青林场的工人哪怕千难万险地攀上陡峭的山岭高处，也大树难寻了。

森林资源枯竭，水土与生态状况也岌岌可危。幸而国家政策及时调整，开始转采伐为保育，并在1991年发布了《中华人民共和国水土保持法》。随着长江中上游的水土保持工程、天然林资源保护工程相继启动，大大小小的国有与集体林场被悉数关停。

紧邻朝阳村的长青林场，就是这场剧变的一个缩影。1994年，这座大型国有林场遣散了数千名林业工人，并于第二年成立"长青自然保护区"，开始了新使命——封山育林。也是从那时起，周边村民的伐木活动也一并受到约束，许可证越发越少，2010年后就基本禁绝了。

就这样，砍树卖木头这个山区百姓重要的"钱袋子"[1]，一夜之间没有了。变化立竿见影地体现在了当地人的收入上。朝阳村这座在1990年代"万元户"频出的"小康村"，竟一度戴上了"贫困村"的帽子。

而且，随着保护区的成立和相应管理法规的陆续出台，不仅进山伐木、打猎和收集薪材被禁，连打笋子、挖草药这些传统的"林下经济"的收入，也都成了灰色收入。到21世纪初，也就是海波发愿"每月挣1000块"那会儿，当地人来钱的路子已变得极少。不少人外出打工，朝阳村也开始了"空心化"。

或许是急于向父亲证明自己，海波拉着媳妇跑到山上去种厚朴（其树皮是一种中药材）。小两口本打算5年里至少种2万棵树，结果一口气种出了4万棵。如今连海波自己也会感慨：那时候干活真玩命呐，淋着瓢泼大雨都放不下手上的活。感觉最难最累的时候，海波也曾在寂静的大山里，一个人放声大哭……

不过，厚朴要生长10—15年才能成材，没法立刻换钱。这个精瘦的小伙子又去学开石头、做生意，还自己承包了一片向阳山坡，照着爷爷和父亲的法子放上几箱"棒棒巢"招野蜂……反正什么有希望能挣钱的就都试试，甚至和保护区打打"擦边球"。

然而，先是2009年父亲养的蜂不知何故全部逃走，颗粒无收；2010年，海波自己的蜂场也遭遇了野生黑熊的袭击。随着保护区的法规和监管日臻完善，灰色收入也不那么容易了。一心想过好日子的海波开始琢磨，是不是和同村的其他年轻人一样，外出打工去。

就在他这么想的时候，一桩无心插柳的事改变了他和朝阳村后来的光景。2012年，他作为媒人，带着一个后生翻过秦岭，到周至县的亲戚家去相亲。结果人家姑

---

1 部分村组森林采伐收入占年收入的比例，曾经高达75%以上——长青国家级自然保护区管理局数据。

娘没相中小伙子，海波倒是看上了亲戚家里养的蜂。周至县地处秦岭以北的关中平原，毗邻西安市，交通便利，经济、文化发达，已经普及了现代朗氏蜂箱及相应的养蜂技术。巧的是，亲戚正想把家里的40多群蜂连蜂带箱转让出手。海波心一横，干脆在亲戚家一住几个月，边做学徒边学技术，最终把蜂群和本领带回了大山深处。

百年前传入中国的朗氏蜂箱，本是为意大利蜂（简称"意蜂"）量身定制的居所，如今在秦岭，则被用来替代原始简陋的"棒棒巢"，改良本土中华蜜蜂（简称"中蜂"）的养殖。

海波开始对蜂群进行真正意义上的管理。每隔几天，他就到蜂场一箱箱打开箱盖、一片片提起巢框，通过直观、细致的观察，把握每群蜂的状态。

春天，海波能根据新蜂王的孵化进度，精准估计"分蜂"发生的时间，高效地将新蜂群收集起来。夏天，海波会"挨家挨户"探访"新生儿"的繁育工作，对于群势悬殊的，还会人为干预，把强群里的子脾（蜂王集中产卵的巢脾）换给弱群。每当初秋的收蜜季来临，他把活页巢框和离心机结合使用，几乎就能完整保持蜜脾的形状，不致殃及蜂卵和幼虫，大大减少了取蜜环节对蜂巢的毁坏，让群势旺盛的蜂群得以延续。

在日复一日的观察、照管过程中，海波也如古今中外许许多多的养蜂人一样，陷入了对蜜蜂这种小生灵的痴迷。一走进蜂场，他就和我们聊起每箱蜂的不同脾气，聊起目睹几只侦察蜂跑到另一群蜂的家门口，贿赂守卫、大肆偷蜜的情形；聊起自己帮蜜蜂抗击胡蜂入侵时，被胡蜂毒针蜇得近乎休克的惊险……蜜蜂世界的家长里短、悲欢离合，都成了海波生活里的一部分。

而蜜蜂也用甜蜜的收获回报了他。每一年，每只新式蜂箱都能稳定地出产8到10斤蜜，远超本地"棒棒巢"忽高忽低的产出。

一晃8年过去了，如今海波已是十里八乡出名的养蜂大户，除了拥有四五百箱蜂，漫山遍野的厚朴陆续进入收获期，家里也翻盖了新房，有了两个可爱的女儿。儿子把日子过红火了，父亲也被亲戚劝着回心转意，一家人又同在一口锅里吃饭了。

海波的一处蜂场，位于山林深处的向阳山坡上（摄影：吴船）

## 3. 化干戈为玉帛

当然，要想靠养蜂发家，养蜂人投入的热情是一方面，实打实的蜂蜜销路则是另一方面——有可能还是更重要的一方面，毕竟酒香也怕巷子深。

2013年，就在海波为自家新式蜂箱产的第一批蜜到处跑销售的当口，时任"山水自然保护中心"（以下简称"山水"）项目官员的冯杰，也把一个叫作"熊猫蜂蜜"的项目[1]带到了长青保护区。

山水是中国自然保护领域最早的本土非政府组织之一，2007年成立于北京。机构创始人——北京大学保护生物学教授、自然保护与社会发展研究中心主任吕植老师，在长青还是林场的年代，就作为学生跟随潘文石教授在这里的山区追踪、研究野生大熊猫了，可谓结缘深厚。

保护区跑得多了，久而久之，吕老师及山水的成员也无一例外地同周边村民熟识起来。眼见他们本就深居山区谋生不易，如今还受限于保护区的管理制度，生计更为窘迫。

---

[1] 后称"中蜂生态养殖与生物多样性保护"项目。

在长青，保护区和当地村民之间一度"积怨"颇深，发生过各种矛盾冲突。曾有巡护队员从野外勘察回来，发现烧饭的锅不知被什么人砸烂了。老百姓心里当然很不满——当初国营林场的时候，就和我们争木头；现在变成保护区，又来管我们，还给不给人留活路了？

保护区的基层社区工作，一直做得很尴尬。派人挨家挨户做宣传，户主往往没好气，不关心也不配合，还常给工作人员吃闭门羹——老百姓总归要先顾好自己的小日子，再来谈"大道理"。而真遇到问题、需要讲原则的时候，都是乡里乡亲的，就更难办了。

但不加强保护不行啊。虽说按照本地传统的生产生活方式，人们对自然的索取有限而自足，并不是什么植物都挖、什么动物都打来吃，但随着经济的发展，诸如野生大鲵、细鳞鲑、小麂甚至野猪等本土常见动物，不知何时都成了"南方老板"点名收购的热门野味，逐渐就出现了外乡人到秦岭来四处联系"货源"，熟悉地形或有狩猎经验的本地人难免参与其中，偷猎、电鱼屡禁不止。直到21世纪初，从秦岭把非法捕杀的动物贩到南方野味市场和餐馆的地下渠道依然畅通。

于是山水的科学家和项目官员逐渐意识到，做保护，最终要解决的不是某些物种、某些区域的问题，甚至可以说，也不完全是大自然的问题；归根结底，人，才是做保护的核心。

既要为大自然着想，也得为当地人着想——看似矛盾的两件事，如何才能拧成一股绳呢？

这把"钥匙"，竟在小小的蜜蜂身上找到了。

2010年，也是在一个大熊猫保护区周边的项目点——四川平武县的关坝村，山水的工作人员首次注意到了土法养蜂这种半野化、少人工的原始副业。虽说生产效率低了些，却对环境没什么负担或干扰——甚至，在随后的调研中，大家逐渐认识到，蜜蜂对于生态非但无害，作为本土传粉昆虫，还发挥着无可替代的积极作用。

中华蜜蜂，与中国大地上品类繁多的开花植物共同经历了长达百万年的协同演化，互相依存的程度很高。作为本土植物最得力的繁衍帮手，中蜂不仅采集对象广泛，

左　山里的野百合（摄影：吴船）

右　被村里人称作「锯锯藤」的葎草，花朵虽不起眼，却是中蜂在秋季大规模繁殖时最重要的粉源之一（摄影：吴船）

还尤其"照顾弱小"，擅长采集零星、分散的花蜜；并能扛住低温，为早春或初冬开花的植物授粉。相比之下，群势旺盛、采集力强的意蜂，则更适应在规模化的现代农林业种植区做一个高效的"采蜜机器"，而不会去青睐一朵开在几十公里外沟谷中的娇小山花。所以，对于保护区的植物生态系统及其中上千类种子植物而言，中蜂无疑是不可或缺的角色。[1]

但如今，莫说助益生态保育了，这种本土传粉昆虫自身也正面临严峻的生存危机。由于中蜂在生存能力与经济效益的竞争上，都不敌意蜂，结果意蜂传入中国区区100年，已使中国存续了2000多年的养蜂业，有三分之二的规模已采用意蜂追花转场、活框摇蜜的高效养殖模式。再加上，几乎同一时期，近代中国从传统农业社会踏上现代化的进程，动植物的自然栖息地也随之被大规模转化为城镇、工矿及耕地，中蜂生存的物理空间也被逐渐蚕食。就这样，国内的中蜂种群数量已比百年前锐减了75%。

1　顾有容、冯杰：《蜂蜜好吃，蜜蜂我也想认识一下》，山水自然保护中心公众号。

卷四　食之运动　　119

站在今天这个时点看去，中西部山区"独有"的那些"棒棒巢"，实则是原本遍及全国的中蜂在外来物种竞争和原始生境萎缩的双重挤压下，退守山林、偏安一隅的无奈结果。

山水人发现，无论从扶贫增收，还是保育中蜂、稳定生态的角度，这不起眼的山区土法养蜂都能发挥正向作用，似乎值得推一把试试。

为帮助保护区周边的村民摸索如何借蜂业梳理好环保与民生的利害关系，山水于2011年孵化出一家名为"山水伙伴"的社会企业，并邀请蜂业专家，通过保护区实地走访、调研，共同制定了一套优质中蜂蜜的生产标准：

——蜂场离人的生活区要超过3公里，这是为了保证在蜜蜂的飞行半径内，没有任何人类生活痕迹产生的污染；不可人工饲喂白糖水、药剂和抗生素等，每批原蜜都会被取样，进行药残和重金属检验。

——由于中蜂蜂群的规模较小，采集、储存食物（花粉、花蜜）的能力有限，所以饲养中蜂的蜂农一年里只能取一次蜜，且每箱仅取走约三分之二的量，其余的要留给蜂群作为越冬口粮。

——至于每年取蜜的时机，依照中蜂全年的生长节律，通常夏末是它们巢蜜储量最充沛的时节，且蜜液经过酿造蜂的加工，含水量从60%~70%降至20%以内，并由工蜂用蜡封盖储存。只有这样自然成熟的蜂蜜，波美度（溶液浓度）才能高达42度以上——这也是验证蜂蜜品质的一个重要指标。

"熊猫蜂蜜"项目先在关坝村落了地。项目组和当地蜂农约定：只要大伙儿照"山水伙伴"制定的标准生产，项目组就会按比当地市场溢价10%的价格收购蜂蜜，并在每年末，再把10%的销售收入回馈给村里作"社区保护发展基金"，资助各类民生建设，作为对全村人遵守环保法规、支持保护区工作的专项补贴。这是"生态补偿"理念的一项实践。

就这样，国内第一款基于"生态公平"理念打造的蜂蜜产品，初具雏形。项目在四川顺利试行两三年后，山水和山水伙伴公司又把经验推广到另两处大熊猫保护区——陕西的长青及甘肃的白水江。

海波的爷爷位于深山中的旧宅，现已不住人，改作蜂场，仍用着很多"棒棒巢"。（摄影：吴船）

起初，项目组是和已有长期合作的长青保护区接的头，组织基层巡护员率先参与。而在考虑项目下沉社区时，大家都习惯性地犯起了嘀咕：毕竟，这个项目对参与者在蜂蜜品控和环保义务上的要求都挺高的，那些和保护区时常"对着干"的村民能配合吗？

长青保护区管理局建议山水团队，不如先找海波聊聊。彼时，率先改良中蜂养殖的海波已成了村里的"红人"。不少乡亲听说新蜂箱好使，且一年下来产的蜜能多出不少，都来向他打听方法。于是海波小小年纪倒成了不少长辈的养蜂师傅。

保护区介绍的这个项目，海波听下来，觉得自己可以不用发愁蜂蜜的销路了，还能拿到比市面上更高的价格，要求也并不难做到，何乐而不为呢？敢于尝试的海波一口答应了。

2015年，他正式和"山水伙伴"开始合作。

2016年，另有两户村民加入。

卷四　食之运动　121

到2017年，全村已有十户"山水伙伴"的签约蜂农了，其中还优先选择了几家贫困户。

如今，在新技术的传播、社会企业的鼓励、保护区的支持、村民间的互助等因素促进下，朝阳村养蜂的人家多了起来，新式蜂箱也不再稀罕，全村已有60%的家庭收入来自蜂蜜销售。养蜂确确实实成了当地的一项支柱产业。

村里还用项目反馈的"社区保护发展基金"改善了公共生活。先是加装了路灯，山中漆黑的夜路不再那么危险。然后，海波又千辛万苦联系来了中国移动的信号塔，全村人集体出动，肩挑手扛，把偌大的水泥柱子运上山、竖了起来。有史以来，大家头一回能在家上网了。好巧不巧，2019年底刚通信号，2020年初暴发的疫情就让朝阳村连续封了几个月，在外上学的孩子们全都停课回了家。幸亏有这座信号塔，家里都能正常上网课。海波觉得那些辛苦都值了。

现在去朝阳村，每每路过一些新式蜂箱，我总想起在一个世纪前，一批如黄子固的热血青年也曾踌躇满志地期望以养蜂实业助力中国农村和农民脱贫纾困。或许这是念念不忘的百年后的某种回响吧。

海波喜欢和来参观的孩子们滔滔不绝地讲养蜂故事（摄影：吴船）

蜂蜜项目落地几年间，潜移默化中还产生了另一个有点令人意外的结果。

2016年，海波在山水及一些野保专家的鼓励和帮助下，又和自己较起了劲儿：他组织同村人在村子周边搞巡护，还跟老村支书一起去民政部门郑重其事地注册了一个非政府组织——左溪河流域自然保护中心[1]。

在繁重而琐碎的农忙间隙，海波和村里十来位村民每隔一两个月，就沿着专家帮助制定的巡护线路，到他们熟悉得不能再熟悉的山头、沟谷、古道、溪边，去清理偷猎者布置的猎套和偷渔者下到河里的渔网甚至电网，搜寻乱砍滥伐者的蛛丝马迹。工作开始没多久的一天夜里，他们就在开车回村的路上遭遇了在河道里偷摸电鱼的外省盗猎分子。海波立刻联系了离村最近的保护站，完成了民间机构与保护区的第一次联合行动。

这天，村里搞养蜂的和保护区跑巡护的汉子们，又坐在一起喝酒说笑。海波在保护区的那些老熟人，当着他的面向我们"揭短"："让他给你们讲讲，自己当年在山里都干过些啥？"海波也嘿嘿一乐，颇有点"相逢一笑泯恩仇"的意味。他已不再是那个为了谋生和保护区对着干的"刺头"了。

如今，曾经最让保护区头疼的偷猎偷伐现象明显减少了。不仅如此，村民们在村里村外一旦见到野生动物，都会第一时间通知保护站的人。来得及的话，人们还会拍个视频发抖音，自豪地炫耀给网上的人看。

而海波并不知足，又开始为村子和自己的明天，琢磨新的生态发展方向了。

## 4. 后记

这是9月初的一天，家家户户已经把今年的蜜都割过了。跟海波走在村里，路过一户人家，见主人正端坐檐下，手上做着活计，我们就迈进院子，和他拉起了家常。

---

[1] 左溪河是九池河上游的支流之一，深入原始林区，是海波他们巡护的主要范围，故以之命名。

"今年你家糖咋样？"

"不行哪，才取了百十来斤。"

"这阵子雨太多。"

几个来回听下来我才猜出，"糖"就是当地人对蜂蜜的称呼。或许源自"蜂糖"（蜂蜜的另一种说法）之简化吧。

有趣的是，若论先来后到，蜂蜜这古老的"山林之糖"，在人类的馔食系统中已存续数千年，曾是无可取代的甜味来源；而蔗糖，直至15世纪"大航海时代"到来，才背负着奴隶贸易与大种植园的"原罪"，最终称霸了全世界的厨房和糖果工厂，也将蜂蜜挤下"神坛"，使其逐渐边缘化为一种"风味独特"的辅食。

人类对蜂蜜需求的减少是一方面；另一方面，养蜂业自身的与时俱进，也挑战着古老传统存在的价值。当下已是分子生物学占据统御地位的时代，在高新科研成果与快速迭代的技术支持下，现代化养蜂越来越强调人工干预与规模效益。

面对如此图景，在秦岭等中国原始山林或草场还存续着的"土法养蜂"，更被排挤到了十分小众的市场角落。尽管那些将生计维系其上的人，今天仍在一轮轮时代变革中摸索着让古老传统与现代发展相协调的路径。那么，生态价值与社会意义的美美与共，会是今天人与蜂继续维系这份延续千年的古老约定的一个契机吗？

## 卷五 书、歌与影

大卫·哈维的黄金时代 赵益民

关于『回乡记』专辑 钟永丰

重返小川绅介的稻田 郭熙志

农具 攻稻与麦 图 刘庆元 文 张美华

什么养成了我们 景迈山食物与人 李朝晖

# 大卫·哈维的黄金时代

赵益民

**巴黎是一种观念。**

如果说，雨果在遥远的海岛上如此追忆的时候，所表达的主要是一种怀旧和乡愁，那么大卫·哈维则把这个观念变得更加理论化和可操作化。或者，更确切地说，他把巴黎变成了一种方法。

在一篇最新发表的论文《关于艺术生活的思考》(Reflections on an academic life)，哈维对自己的学术生涯做了明白晓畅的反思。他坦承：

在阅读了马克思的《路易·波拿巴的雾月十八日》和《法兰西内战》之后，我开始关切1848年革命和1871年公社之间的巴黎。我尤其对圣心大教堂的建筑和象征意义特别着迷，并开始将其作为令人愉快的副业进行研究。因此，在我逐步推进马克思研究的同时，之前所设想的针对城市化的历史地理研究也逐渐落脚在了第二帝国时期的巴黎。最终，巴黎项目变成了一种爱的劳动 (a labour of love)，当周遭一切都变得糟糕的时候，它成为了我远离世界的喘息机会。

正是在这一探索的延伸处，哈维明确界定了他的研究兴趣的内核所在："对1848 年至 1871 年间巴黎的城市巨变进行历史地理唯物主义视角下的探询，并由此出发重新定向和推进马克思对资本运动规律的理论探索"。这一关切构成了他全部学术著作的核心推动力，也成为他选择自己最重要著作的准绳——在哈维自己看来，能够代表他的研究的两部著作分别是出版于1982年的《资本的限度》(Limits to Capital) 和出版于2003年的《巴黎，现代性之都》(Paris, Capital of Modernity)。

这一选择着实有点出乎像我这样读者的意料。在我自己的阅读经验中，这两本书都没有被视作核心的理论文本，更多的时候是被当作某些著作的前传，或者某些理论的经验注脚。从中文世界的接受度来看，这两本书的影响力也明显逊色于《新自由主义简史》和之后的一些新书，甚至不及他作于1969年的那本计量革命时代的标志性作品——《地理学中的解释》。所以，巴黎到底发生了什么？

谈到巴黎，我们常会想到波德莱尔，想起本雅明，遇见海明威那个"流动盛宴"的比喻，以及前些年伍迪·艾伦的午夜故事。我们也许听说过哈维对巴黎所做的讨论，但是此前可能并没有真的意识到，第二帝国时期的巴黎才是哈维追思和写作的中心地带。在他尝试着理解马克思并与之对话的时候，他发现与马克思同时代的巴黎才是展开对话的最好舞台，那里的肮脏、混乱、暴动、革命和随之而来的城市空间改造，是践行历史地理唯物主义这一分析工具的"试金石"。

在这样一个黑暗而黄金的时代里，哈维与巴黎相遇，并确立了自己此后的研究道路——"如同在一条幽深的隧道中行走，瞬间点燃旋又熄灭的火光，突如其来地照亮了整个背景，似真似幻。"

**哈维与马克思和巴黎的相遇，需要巴尔的摩作为中介。**

作为剑桥出身的地理学家，哈维成长于那时候盛行的区域–历史研究传统之中，并在1960年代随着整个学科走上了计量革命的道路。他在1969年出版了计量革命时代的一部标志性作品——《地理学中的解释》，同年从布里斯托尔大学跳槽到了约翰斯·霍普金斯大学。

在最新的这篇论文里，哈维半开玩笑地说道：从英国移居美国的学者往往都会经历一次政治立场的演进，要么走向极左，要么变得极右。他自己在巴尔的摩观察到的种族问题、住房问题，亲身经历的民权运动，以及为了分析住房市场失灵而尝试着使用的使用价值–交换价值分析框架，逐渐促使他反思之前秉持的实证主义立场和视角。由此，哈维开始拒绝事实与价值、主体与对象、事物与认知、公共与私人之间的二分，并继而摒弃了实证主义对"科学"的狭隘定义。

但是，哈维并不认为自己的计量方法著作和社会正义探询之间存在认识论意义上的断裂。这一点倒是颠覆了我们读者之前的惯常解读。时至今日，他依然相信，《地理学中的解释》（1969）中对"科学方法"的探索和《社会正义与城市》（1973）中对社会关系、伦理和意义系统的探索，同时构成了讨论城市议题的两种不同视角，它们彼此相互补充，也许存在张力，但并非互相排斥。

话虽如此，哈维自己此后再也没有回到计量革命时代的方法论框架之中，而是逐渐走向了马克思主义知识体系，并着手在其间探索新的认识论工具。

在哈维到达巴尔的摩的那几年，美国地理学界的批判潮流也开始逐渐兴起，这首先体现在1960年代后期创刊的《对立面》（*Antipode*）杂志，随后又在1971年的美国地理学家学会（AAG）年会上的激进地理学者论坛中得到放大。哈维置身其间，也开始从批判理论传统中寻找新的资源。当时给予了他智识启发的学者有很多，我们中国读者比较熟悉的可能有地理学家布赖恩·贝瑞（Brian Berry）、托斯滕·哈格斯特兰德（Torsten Hagerstrand）、艾伦·普雷德（Alan Pred），规划理论家约翰·弗里德曼（John Friedmann）和简·雅各布斯（Jane Jacobs），以及区域科学开创者沃尔特·伊萨德（Walter Isard）。

那时的哈维也已经读到列斐伏尔的两本著作——《都市革命》（*La Revolution Urbaine*）(1970)和《马克思主义与城市》（*La Pensee Marxiste et la Ville*）(1972)，但是列氏最著名的《空间的生产》（1974）当时尚未出版，也因此并未影响哈维在1973年著作中的论述。换句话说，当哈维在这本书中强调绝对空间、相对空间和关系性空间的辩证统一时，列斐伏尔关于空间实践、空间表征和表征空间的三元论（spatial triad）观点尚未面世，这两种空间概念框架事实上是分别独立被提出来的。

哈维在最新的追忆中披露，当时促使他形成这一框架的思想资源很多来自地理学之外。这其中包括了哲学家恩斯特·卡西尔（Ernst Cassirer）、苏珊·朗格（Susan Langer）和让·皮亚杰（Jean Piaget），也有不少社会和文化人类学家的身影，比如欧文·哈洛弗尔（Irving Hallowell）。

在这一智识的旅程中，也许最让人吃惊的一点是哈维直到35岁才真正"遇见"马克思——开始阅读《资本论》。那是1970年，在《社会正义与城市》出版3

年前。这让我想起阿尔都塞在自传《来日方长》中的一句话："我是在1964—1965学年，就是最终产生了《阅读〈资本论〉》的研讨班那一年才读《资本论》的。" 两位马克思主义者与马克思的相遇似乎都不是注定的、正统的或者教条的，他们都是在探索和解答自己困惑的道路上与之不期而遇，并在不断的搏斗中加深了自己对马克思的认识，并最终加深了整个思想脉络对现实的把握力度。

在哈维看来，马克思带给他的最重要启示就是：针对城市化和不均衡地理发展的空间性的讨论，离不开对形塑了整个资本主义体系的社会、经济和政治过程的把握，空间性的变迁背后是被资本主义改写了的社会关系。

为此我们需要进一步探究资本循环、积累与城市化和空间生产之间的关系。只是，马克思在《资本论》中对固定资本的循环问题论述并不清晰，尤其是生息资本的流动与土地市场（包括土地投机）之间的关系在理论上还没有得到清晰的说明，而这就成了哈维在《资本的限度》(1982) 中想要解决的主要问题。

哈维的野心不仅在于要解决马克思遗留的理论问题，还在于他想用马克思自己的方法来解决这一问题。为此，他开始了长达40余年，每年至少一轮的《资本论》（第一卷）教学，主要目的则是让自己不断浸入（immersing）马克思的思考和论述过程之中，从而真正把握辩证法这一认识论工具，而不是将之简化为黑格尔版本的抽象的唯心主义教条。

除了马克思之外，哈维也在不断扩展自己对话的对象，借助别的理论资源来夯实乃至重塑辩证法的实践路径。他接受了伯特尔·奥尔曼（Bertell Ollman）针对辩证法的关系性视角，并由此进一步扩展到了怀特海的过程哲学，甚至把大卫·玻姆（David Bohm）的量子理论和莱文斯（Levins）& 莱沃丁（Lewontin）的"辩证生物学"也纳入到自己的理论资源之中。伴随着视野的如此扩展，对马克思方法的把握得以从机械和教条的路径中解脱出来，哈维也逐渐实现了他的上述理论雄心：

《资本的限度》(1982) 一书超越了马克思政治经济学的标准表述，将固定资本、金融和信贷、生息资本的流通、地租和房地产市场问题与自然和空间的生产结合在了一起。 它还强调了加速周转时间和逐步"通过时间消灭空间"在资本循环和积累理论中的重要性。

沿着这个路径接着往下走，哈维开始形成他命名为"历史地理唯物主义"的理论体系，为马克思的政治经济学添加了地理/空间的维度。这不仅包括了前述的固定资本、地租和空间生产问题的讨论，也随着环境议题的涌现而把自然的生产及其新陈代谢机制纳入进来，最终在《正义、自然和差异地理》（Justice, Nature and the Geography of Difference）(1996) 中成为讨论的一个重要环节。

在哈维不断推进和马克思进行对话的过程中，巴黎扮演了重要的角色。

1975至1976年，哈维利用学术年假前往巴黎。他本以为在那里能够"匍匐在马克思主义思想的伟大阐释者们的脚边"，从而更好地把握相关理论的意蕴。但是现实却狠狠教训了他。哈维发现，迎接他的是自己薄弱的法语能力、"法共"的教条主义（禁止党员与来自北美的学者交谈）及高卢式的左翼傲慢的集合——这些"伟大的阐释者们"认为所有北美来的人都是政治上的无知者，他们甚至连什么是阶级都不太可能弄明白。

其中当然有例外，比如曼纽尔·卡斯特尔（Manuel Castells）就热情地招待了哈维，并让他一直感念（虽然哈维不认同卡斯特尔后来宣称的与马克思主义理论传统的决裂）。当他在巴黎的知识圈遇冷的时候，那里的夏日阳光和美丽的图书馆接纳了他："我喜欢在巴黎度过夏天，在巴黎市历史图书馆 (Biblioteque Historique de la Ville de Paris) 那令人惊叹的美丽环境中阅读各种记录和文件。"由此，哈维最终还是在巴黎抓住了开头提到的那个研究兴趣内核——让第二帝国的巴黎与马克思的理论对话，从而产生能够烛照我们当下的政治经济理论脉络。

哈维在巴黎的遭遇不是孤例，他此后在巴尔的摩和纽约也在不断遇见类似的情形。他曾于1987至1993年间被聘为牛津大学麦金德讲座教授，并于1993年结束在牛津的合同回到霍普金斯大学。那是一个非常特殊的历史时期，"苏东剧变"让哈维在霍普金斯的大多数同事对他的马克思研究嗤之以鼻，认为这一研究方向已经近乎一种时代错乱。他的《资本论》研读班门可罗雀，他的身体也在那一时期出现了问题，并在1996年不得不做了一次心脏搭桥手术。在政治的、智识的、职业的和身体的多重压力之下，他"逼着"自己写出来了《正义、自然和差异地理》这本书，这本没有（没法）结尾的书。

在我自己看来，这本书才是哈维的集大成之作。他在这里进一步扩展了辩证法的理论内涵，借助更多的社会学和人类学资源完善了空间和地方的概念体系，还结合当时生态马克思主义的讨论，把环境和自然纳入到了历史地理唯物主义的分析框架之中。哈维自己也非常看重这本书（虽然并没有认为它是最重要的两本之一），所以非常失望于批判学者对这本书的忽视和否定。他认为这一结局的部分原因在于生态马克思主义者们不能接受他关于资本的主导逻辑会和环境问题并行不悖的观点：

"即使面对它所产生的最可怕和最不受欢迎的环境变革形式，资本仍可以作为一种社会关系和一种积累方式继续盛行。"

2001年，哈维终于离开了工作了数十年的霍普金斯，一个变得越来越"有毒"的学术环境，跟随他之前的学生尼尔·史密斯（Neil Smith）来到了纽约市立大学研究生院(CUNY Graduate School)。有趣的是，他在这里就职于人类学系而非地理系，因为那儿的地理学家们同样也不关心或不欢迎他所从事的这一类地理学——哪怕哈维那时候已经荣获了美国地理学会杰出贡献奖（1980）、英国皇家地理学会金奖（赞助人勋章）（1995）、世界地理学界最高奖瓦特林·路德奖（Vautrin Lud Prize）（1995）等一系列荣誉，并当选为英国学术院院士（1998）。

好在，纽约市立大学研究生院的其他同事对他的事业都很支持。在纽约的这20年依然是哈维的高产期——甚至可以说他变得更加高产。他在这里延续了1990年代开始启动的"马克思项目"(the Marx Project)，并同时通过通俗和学理两种方式进行分析和阐释。这其中的通俗著作以《新帝国主义》(2003) 和《新自由主义简史》(2005) 为代表，学理著作则包括《资本之谜》（The Enigma of Capital）(2010)、《十七种矛盾和资本主义的终结》（Seventeen Contradictions and the End of Capitalism）(2014) 和最近的《马克思，资本和经济理性的疯狂》（Marx, Capital and the Madness of Economic Reason）(2017)。他还在学生的帮助下建立了个人网站，把《资本论》研读课的视频放了上去，后来又在英国沃索（Verso）出版社的邀请下把讲义集结成册出版并畅销一时。

当下这个时代肯定不是哈维心目中的黄金时代。他在最近这些年的写作中进一步坚定了自己的反资本主义(anti-capitalist)立场，认为这个词比起其他很多同源的词语都更好，因为它的否定性把所有在资本主义体系中受到了负面影响、被剥夺、被排斥、被异化的人群都纳入了进来，最终也许就能推动一种更加包容、反本质主义的政治项目的实现。

但就像第二帝国的巴黎一样，这其实也许正是哈维的黄金时代。他的周遭和远方发生的所有问题塑造了他的写作，邀请他与包括马克思在内的理论家对话，并由此开启了一段漫长而又充满活力的理论创造的旅程。如同马克思笔下的巴黎，哈维笔下的当代世界也不仅仅是经验再现，更是理论介入的起点。他的论述彻底改写了当代的社会理论地景，让所有有志于社会正义问题的研究者都多了若干可以对话的理论框架。

也许《资本论》应该倒着读，第三卷里的启发可能会比第一卷更大；也许哈维所设想的"反资本主义"几乎无法在近期变成现实，因为政治的计算和算计大概并不只是理性的抉择；也许城市变迁的过程不仅仅只有一个结构或逻辑，它所造就的诸多碎片也可能组合成为别的故事；也许空间和地方的形塑和再造已经出现了其他不同的轨迹，需要我们寻找新的分析工具和视角，就像当初的哈维面对马克思理论和现实的脱节时所做的那样……当所有这些呼喊汇聚在一起，我们依然还得从大卫·哈维出发，因为他的理论框架构成了我们的起点，不管是作为分析的基础，还是作为反思的对象。

大卫·哈维的黄金时代是我们的起点，虽然几乎可以肯定这不会是归宿。

关于『回乡记』专辑  钟永丰

2018年，钟永丰在碧山（摄影：左靖）

2019年7月，受策展人左靖之邀，我至浙江泰顺县的古村落——徐岙底，参访"红地起乌衣——红粬主题展"，并以20世纪20年代顾颉刚先生的浙江民谣研究切入，分享我的创作观，歌手小河正好在附近进行寻谣计划。我想起2011年在广州巡回路上，策划人宁二曾给我一张令人惊艳的民谣专辑——《飞的高的鸟不落在跑不快的牛的背上》，从此我对小河音乐中的灵性念念不忘。

在左靖与乐评人张晓舟的安排下，我与小河初次见面。我们从彼此的经验出发，广泛讨论了民谣收集与当代音乐创作的各种关系。论及历史上的民谣研究——不管是以学术研究、档案收集、认同建构为目的，还是以音乐创作为目的，民谣的传唱者常处于佚名状态，他们被收录也仅是单向事件。而小河的寻谣计划——通过脉络化调研，民谣歌者与乐手现

卷五　书、歌与影　133

场编曲互动,以及专业的影音记录、诠释与传播,是少见的双向、平等且高度尊重传唱者人格权的音乐行动。

认识左靖近10年,我们的交流始终围绕着乡村艺术工作。随着他的工作推进,我参与他的策展,为其所主编的《碧山》杂志书写稿,并因而结识与他联结的青年工艺师、设计师与艺术家。我见证了这些具有都市工作背景的返乡青年通过生计与身份认同考验之后,正有意识地进入各种乡土传统的再认识与继承过程中。他们的工作与思考由点而线,连接成面,投影在社会文化上的意义愈渐显明。复以小河深刻的民谣行动,我体悟到一种进行中的"再乡土化"阶段。由感悟、思辨而终至践行,"再乡土化"乃牵涉复杂而幽微的内外在诗意过程,值得我等音乐人探索。与小河及左靖讨论后,我们决定以"回乡"为题,尝试词曲合作。当然,回乡从来不是一次性完成,像鲑鱼洄游。

钟永丰和音乐人小河(右)在浙江徐岙底村(摄影:PonyBoy)

2019年秋冬，在左靖工作室、厦门的杨韬及杭州的周纯蓥与方未来等的协助下，我行旅安徽、浙江及福建等地，访谈回乡的工艺师及文化艺术工作者。设计师杨韬与厦门一群同业致力振兴家乡传统黄酒的历程启发了《南方有酒丹曲酿》。《木头人》试图把金华木工艺师海弟关于木构传统、木材科学与当代造型的思考，结晶成歌。左靖与4名高中好友自1988年始，每年春节返乡合照的故事，投影出《五×32》。十几年来我在各地听闻的回乡种稻故事是《在你别离的城市，今夜》的蓝本。

同时间，在北京工作的好友宁二为我收集了一批返乡农民工的研究与文学著作，帮助我看到更广的写作视野。书单如下：

1.《中国在梁庄》，梁鸿，南京：江苏人民出版社，2010。
2.《回乡记》，贺雪峰编，华中科技大学中国乡村治理研究中心编著，北京：中信出版社，2018。
3.《中国新生代农民工》，黄传会，北京：人民文学出版社，2011。
4.《返乡农民工研究——一个生命历程的视角》，张世勇，北京：社会科学文献出版社，2011。
5.《2013年中国打工诗歌精选》，许强、陈忠村主编，武汉：长江文艺出版社，2014。
6.《出梁庄记》，梁鸿，广州：花城出版社，2013。
7.《大地上的亲人》，黄灯，北京：台海出版社，2017。
8.《世间的陀螺》，韩浩月，桂林：广西师范大学出版社，2019。

上述的研究者与作者关于农民工的身体与心理挣扎、故乡与亲人的意义、回乡后的市场与气候挑战等问题的优秀论文与散文，促使我写成《时间想上岸》《心头影》《重修祠堂序》《三叔守墓》《知了歌》等词作。身为兰州人的宁二让我知道青海人靠兰州拉面外出打拼的故事，并解答了我大量的疑问，促发我写作《背着故乡的化名闯天下》。迷上壶艺的纪录片导演吴文睿送来陶艺家董全斌的著作《一人饮》，其中梳理了他关于壶工艺美学与哲学的思考，使我得以写就《一位青年陶艺家的工作日志》。最后，标题曲《回乡记》乃向左靖与众多工艺振兴者的漫漫长路致敬。

## 《回乡记》专辑歌词

### 1.《时间想上岸》

机台河床，汹涌，流水线
机台河床，汹涌，流水线

时间浮沉久了矣，久了矣
　　　久了矣，久了久了矣
时间浮沉久了矣，久了矣
　　　久了矣，久了久了矣

机台河床，汹涌，流水线
机台河床，汹涌，流水线

时间抬头想上岸，想上岸
　　　想上岸，想啊想上岸
时间抬头想上岸，想上岸
　　　想上岸，想啊想上岸

## 2.《心头影》

心头有个影呀
心头有个影，入夜浓
心头有个影呀
心头有个影，入夜浓

每当心情我低落
它就溪谷田野山坡
大豆小麦稻禾玉米
儿时大树童党流离
稀里哗啦讲不停
后来事业我暴发
它却突然向内崩塌
上工有车下班有房
再多成就再亮辉煌
叽里咕噜填不满

### 3.《三叔守墓》[1]

年轻时三叔穿梭城乡
像陀螺转过工地百样
十年前三叔停止打滚
带着全家他悄悄回村
不知他女人为何愿意
总之又生了儿女各一

三叔他个性孤静怯懦
无法把故乡爱得辽阔
桃树梨树他种在院子
开谢如村里红白帖子
再远就只到村外坟墓
里头躺着父兄和先祖

村子口，清明雨纷纷
　火纸，金香和水饺
三叔等我一起上祖坟

---

1 改写自韩浩月的《故乡守墓人》

三叔他眼界短浅狭隘
不足让家族壮盛气派
唯祖坟散乱墓石斑驳
子孙上错香他不沉默
三叔他主张立碑迁葬
众侄辈呼应慷慨解囊

村子口，清明雨纷纷
火纸，金香和水饺
三叔等我一起上祖坟

那辈人早年离家四散
对故乡想望天差地远
二叔厉声骂不可妄动
五叔则哀怨不受尊重
三叔对失败耸肩以对
反正我们家事事难推

### 4.《重修祠堂序》

避乱世，溯晚唐
燕诒谋，基业世泽长
峦峰翠，涧水芳
山村藏岁月，紫气翔
昔祭祖，子孙汇祠堂
牲礼丰，丝竹扬

风云变，频遭殃
叹祖祠，颓敝力难挡
遇佳节，黯神伤
喜逢新纪元，收凄凉
倡重修，后生志气昂
老事抛，权下放

考规矩，究典章
寻模范，觅能工巧匠
巾帼助，宗亲襄
宏堂乃兴复，荐清香
绍祖德，神龛酝含光
荣故里，齐举觞

## 5.《木头人》

眠起早，眠起早，走山径，人渺小
眠起早，眠起早，走山径，人渺小
眠起早，眠起早，走山径，人渺小

风和光翻阅森林
捡枝条拾落叶，放身
你想象树之心如海波纹

锯扯刨，锯扯刨，相思树，韧性好
锯扯刨，锯扯刨，木麻黄，防风啸
锯扯刨，锯扯刨，马尾松，制墨条

老木头娓娓闲聊
你的孤独磨成镜，转身
照见了师父的悠悠长影

锯凿刨，锯凿刨，宫庙塔，榫与卯
锯凿刨，锯凿刨，五斗柜，榫与卯
锯凿刨，锯凿刨，人生呀，榫与卯

在一转一折之际
你的目光凝于方寸间
见识了祖师爷句法滔滔

上 海弟的工作坊。摄影：花蜀黍
下 海弟的木头样本。摄影：Cindy

卷五 书、歌与影　141

6.《在你别离的城市，今夜》

在你别离的城市，今夜
你种的米晶莹，私语窃窃
想起你纠缠：
漂泊的职涯，指南的心念
知道你只待孩子长大

在你别离的城市，今晚
你种的米让孩子想吃饭
蚯蚓和青蛙
老人家体谅，回来了吗？
试了几次堆肥配方？

在你别离的城市，今夜
想起你像植物坏根、干裂
黄昏是负担：
餐桌摆的，孩子们闹玩
经常无动你闷闷神色

在你别离的城市，今夜
你种的米晶莹，私语窃窃
逐渐我领悟：
你是禾本科，根入水土
如此你方能鲜活光泽

黟县南屏七约农场（摄影：许学超）

**7.《知了歌》**

知了知了

鸣村野

山呆树愣呀多美妙

知了知了

你应知道

天不照甲子都乱了套

知了知了

鸣村野

枝挺叶翠呀多美妙

知了知了

你可知道

参不透市场我心茫渺

**8.《背着故乡的化名闯天下》**

三天两夜火车它奔向东
马阴山[1]高原烈风沟壑纵横人穷疯
童年沉心底糊成了一片影
上路的尕[2]娃面匠实话说你真孽障

使命推捣搓揉
每天漆黑两头
开店倒店小本如草芥
大江南北浪走

西北青海打不响
攀亲兰州故乡
亲邻互帮化名闯天下
迪拜日本开张

故乡的化名
我呀背着闯天下（重复）

年深外境事业它终成型
君不闻巴燕河[3]水潺潺召唤故乡名
意念浮上心望见了一片光
二代的面匠哥啊改头换面路漫长

正名转骨易筋
铭谢兰州好邻
青兰励竟牵转大西北
闻香慕名清真

故乡是化隆
我将扛着走天下（重复）

1 青海海东化隆县境内山名。

2 小，西北方言，音ga，上声三声。

3 化隆境内河名。

## 9.《南方有酒丹曲酿》

时尚潮流腾浪过
脑里造型亢如火
总为设计替本相
头路失趣人疲惑

有路有路源家乡
节气风华凝静巷
访村策展岁时物
钠酒壶[1]里见新象

有酒有酒丹曲酿
迷红缓口劲后扬
李贺劝醉东坡羡
闽西客家隔冬畅

却遇时代莽且躁
白啤洋酒淹街肆
拜师研溯米酿造
重置黄酒此其时

析调制程酒抖擞
琢磨盛器酒起舞
逸驾舌面探佳肴
更启灵思通今古

有酒有酒丹曲酿
迷红缓口劲后扬
李贺劝醉东坡羡
闽西客家隔冬畅

[1] 福建宁化谓钖酒壶。

杨韬,酿酒&劳作(摄影:剑雄)

宁化矮坑酒体工作室烤烟房改造的小展厅(摄影:杨韬)

### 10.《五×32》

村口那棵老樟树
听说进城蹲马路
童年那条顽皮河
已经端庄上颜色
我呀再也长不大
一年一年地老花

当年高考离家即
半是焦虑半雀喜
起哄合照全家福
八八年后各东西
年年春节相聚酒
每每醉倒避愁离
南望梓山秋意醺
明年你们来初几?

越到中年平衡难
五友合影诉悲欢
逐年挂做人生图
三十二张成乡关
若问拍照至何时
最后空白凑圆满

上 五人合影第三十二张（2019）
下 五人合影第一张（1988）

## 11.《一位青年陶艺家的工作日志》

*参考《一人饮》，董全斌 著*

| | |
|---|---|
| 忘情自然，草木皆用 | 植物的存在方式皆有用于生存。 |
| 形蕴力藉，相依互竞 | 植物的形体发展与力学作用乃二而为一。 |
| 奇偶量变，以验以证 | 领悟花瓣的奇/偶数排列在美感上的差异，实验造型。 |

辘轳回旋，灵魂低吟

静极空透，照见古人

| | |
|---|---|
| 如谣如谚，求道游刃 | 壶工艺传承有如民谣，须领略其中方法，方有游刃般的自由。 |

深夜试茶，撮饮孤独

壶以紫砂，连通今古

调协华侘[1]，自省观物

---

[1] 繁华与侘寂。

上 董全斌在看窑火焰的颜色（摄影：赵刚）
下 董全斌在制作紫砂壶身桶拉坯（摄影：赵刚）

## 12.《回乡记》

参考《碧山》杂志书，左靖主编

光线清率，人变土　　　走一乡，又一村
声音晰透，长面目　　　落寞孤独，何以能回神？
空气醺浓，风动百味　　探访百工，金木水火土
时间迟慢，有时它还倒退　织连农耕，识文明之心

我望山翠，山说呀　　　城乡接，愿为桥
松开自己，芽自发　　　民艺维新，聚落翻身俏
我看河弯，河它讲　　　乡村复振，迢迢路漫长
放软放低，碰壁折出方向　崎岖无退，回乡歌且谣[1]

[1] 出自李白《梁园吟》。

碧山书院——左靖在碧山工作和生活的地方

# 重返小川绅介的稻田

郭熙志

## 一、寻找小川绅介的精神脉络

人们对小川绅介的神化大于对小川绅介的研究。小川绅介的精神资源在哪里？小川绅介一生的精神变化脉络是怎样呈现的？人们大部分看到的是行动的小川，而没有深究思考的小川。

小川的思想大约分三个阶段。第一个阶段是学生运动阶段；第二个阶段是农民运动阶段，他们在三里塚住了11年，这期间拍了农民因抗议强拆，与警察的对垒；第三个阶段是稻文化阶段，他在山形县大概待了13年，出了两部最重要的作品——1982年的《日本国古屋敷村》和1986年的《牧野村千年物语》。

在所有阶段之前，有一个"游荡"的形成期，这是小川作为"素人"的原型，可谓"直男"。在岩波电影制作所，他与玲木达夫把广告拍成实验电影——用变速器拍新宿，结果拍摄的画面没有人只有建筑；拍客户的社长只拍其闪闪发亮的金牙；拍女孩拍到裙子里。小川的丘比特蛋黄酱广告是他的第一部广告片，结果只有3个人看，弟、妹和一位记者，他说如果下部片子的观众少于三人他就放弃拍片子。

他要成为"毁灭型"作者，认为电影的本质就是"偷窥"。"我们在三里塚就是这么窥视的，总是很卑鄙的……整个世界的人都在拼命工作的时候，只有我在阴暗的角落里犯罪……我个人对犯罪者通常只抱有憧憬的感情，因此对犯了罪的人与其说是害怕不如说是感到亲近，对正常人反而感到疏远"，这是小川作为"素人"的思想。这种本能的创作思想是创作力旺盛的表现，其中，影像的偷窥欲与以艺术之名的替代性犯罪满足，是青年小川的"直男"表达，不装。

小川从1967年开始拍学生运动，中途也拍了农民运动，后来是以农民运动为主，主要在三里塚，总共有六七部关于农民运动和学生运动的影片。

在学生运动阶段，小川拍了关于4个函授生的纪录片叫《青年之海》。函授生本身是被社会抛弃的一个群体，"函授教育——一边工作一边学习是一件了不起的事情，那这个神话是不是真的？其实是不存在的。"他在说真话，生活中充满着这种"自学成才"之类的虚假的安慰剂，碰到小川这样的"直男"，残酷的真相立即被揭露。《青年之海》是小川真正开始创作。学生运动阶段还有一部力作是《压制的森林》，主题是当时左翼的学生运动，他们把高崎经济大学占领了，有些学生被劝回家，有些学生还在坚持。所谓"斗争的意义在哪里""腐败并不意味着自行垮台，那么力量从何而来"，在这里他表达了一种愤怒与困惑，基本也是以反抗的激情为主题的。从高中到大学，小川读过列宁的《帝国主义论》和马克思的《资本论》，但他不是本本主义者，他对萨特、布莱希特不以为然，主要是他们缺乏"大热血"。他喜欢切·格瓦拉式的热情。"到处是带括号的前卫，带括号的实验，带括号的颓废，带括号的虚无，……我现在真的在读《资本论》"，小川理解的《资本论》是"通过劳动'吃饭'，以及在这个劳动中人与人之间的关系"，显然，在"素人"阶段，小川是以一个农耕文明的背景去理解《资本论》中的"劳动"的，而不是由阶层对立去理解的。他说，我要把《资本论》"重新理论化一次"。他反对"政治事大主义"，反对颓废主义，要做"烈性男儿"。

## 二、农不是农业，农是系统

前面我们大概说了小川作为"素人"的思想和对于学生运动的思想，接下来要讲小川作为农民的思想。作为农民，他有个著名的思想——"稻不是米，农不是农业"。当年在三里塚拍学生的同时也拍了很多农民的素材，也就是成田机场抗议的农民，在全部300多个小时的素材中有100个小时拍农民，但是他觉得拍得不够深入，认为自己不懂农民的心灵。

他不希望拍松竹映画那种农民在田地挥汗，抬头嫣然一笑的电影。"要想拍水稻电影，首先要成为种稻能手"，把自己变成农民，拍自己种稻而不是拍农民种稻。如果仅仅是拍农民种稻，"我们隐约觉得，用这种方法（拍别人）已经不能拍出'农'的全貌，农的某些部分已经被肢解得支离破碎了"。于是他去了山形县，租了一块100米×24米的地，开始弄一些实验和科研的东西。他举了个例子，有一个70多岁的老农喝了酒，一些来自东京的大学生，跟着老农在一块儿插秧，中途有一些红蜻蜓在那儿飞来飞去，但是红蜻蜓不落在大学生的腰上，而是停在了老农的身上。红蜻蜓不落在大学生腰上，是因为他们无法在插秧时稳住脚步，而喝酒的老农，在田里站了几十年。

摄制组的科研从土壤、水位、气候入手，反复分析，制作各种平面、立体的示意图。给大自然的水、土、风建档。仅仅用米切片，就切了一千多层，练习切片用了4年之久才合格。

农是一个水、风、土等完整的系统；业是为了养家糊口的生计，是谋生，所以农不是农业。稻也是一个完整的系统，米是结果。

### 三、水稻的"情欲"

水稻"情欲"的发现，是小川的最后两部水稻电影《日本国古屋敷村》和《牧野村千年物语》中最耀眼的亮点。小川在《收割电影》的对话中，有几句特别牛的话："这是一种看不见的感知，存在深处的信息要用身体来记录。"站在水稻田里的脚，能感受到水稻田里上面的土层、中间的土层和下面的土层是不一样的，沙和泥的含量是不一样的。这样就等于你把自己的脚变成X光，给土地照X光，他说古代农民的手脚就是显微镜。

从生理碰撞到身体记录，再到达心灵。生理碰撞是本能反射，身体记忆要通过劳动时间累积，纪录片不是一种旁观，根本的要求是要获得"Being"（存在/生命），包括植物和动物，存在的深处信息。

在拍《日本国古屋敷村》时，有天他们请了老婆婆们来看电影里出现的那个古屋敷村大型立体地图。她们来了之后却不用眼睛看，而是用手摸，一边用手指感受着地图上的凹凸程度，一边指认出村里的地点。小川说，受铅字文化影响的人是不会有这种感觉的，这是一个与现代社会完全不同的世界，这是一个存在于感性世界的空间。小川讲稻就是用自己的器官与风和太阳格斗碰撞而产生的稻子，他赞同"情欲"，不赞同政治。

稻是一个过程，稻有水、土、风的关联，农民脚底下的记忆。这些都是受铅字文化教育的人没有办法理解的，所以稻子和人一样是有性欲的，铅字文化不能代替稻文化,感性是理性的极致。

为了拍出这个水稻,他们一开始用X光来拍固定图片,这个辐射是很强的,小川最后得了癌症,可能与此有关系,但是他说不后悔。切片以后他还染色,他的左眼因看显微镜而散光。拍水稻的"情欲"时,他们请了摄影家山崎博,但拍的更多的是小川的摄影师田村正毅,拍得的授精过程真的很罕见,精子在水稻的花粉管中游动,小川称之为"田园春宫画",一位研究水稻的科学家认为这是无人超越的拍摄。

纪录片《日本国古屋敷村》的拍摄地在山里,夏天的温度只有16摄氏度,还经常受冷空气干扰,水稻的花粉管、蕊心和子房等会在冷空气来时受损。这时把水稻田里的水注满,可以起保温作用。

小川摄制组做了许多研究后开始制造模型,他们的模拟研究竟然和实际一模一样。把古屋敷村的整个山川河流用等高线做出来,最后他们发现了一个叫小松仓的地方的水稻长得挺好的,是因为小松仓的田边栽了两排树,把冷空气挡住了。

《日本国古屋敷村》涉及历史和现实——年轻人都去了东京,历史上的女子救火队,以及历史老兵和他的军功章等。小川讲了一句话:"唯有在行将灭亡的时候才能看到文化的真髓。"他讲的其实是水稻文化,不是城市化之后的文化。

## 四、身体纪录

"在我们的身体牢牢记住了这些感觉之后,不知不觉我们的感性从我们的身体内部向水稻敞开啦,所以我们能拍水稻。"这是小川讲的。他列举了一个非洲青年如何成为勇士的故事:为了给家里的亲人带回盐,青年们穿过致命的丛林、沙漠到达海边。在这里,他们喝下海水然后躺在海滩上晒太阳,直到身上的汗被烤成盐粒。日复一日,他们就这样收集着盐粒,等到袋子满了方能回村。

有一个人在上山市民会馆看完电影《日本国古屋敷村》时说:"现在已经很难听到这种声音了啊。"用化肥种出的水稻和过去纯粹用水田种出的稻子声音不一样,风一吹它们的声音都不一样,观众感受到了,其实声音是人工重做的,在《牧野村千年物语》里重做了声音。作曲家富樫雅彦先生讲:"小川,你别管我了,我要用作曲的时间跟影片的时间碰撞，就是用身体的声音跟现实的声音碰撞。"富樫雅彦的作曲仅仅是鼓，但小川在电影声音里也会加入现场广播喇叭里的声音，效果却是大家看电影时并没有听出来那是鼓，反而这些重新制作的声音在每个人的内心形成了自己的乐章，与电影呼应。

今村昌平去看小川，小川领他去"承包"的稻田，边走边说，不觉自己下了田，而今村昌平还在田埂上，小川说："我可以拍水稻了！"

## 五、时间：当它结束，却又开始

在《收割电影》里，小川认为时间有好几种，有现实时间、身体时间、内心时间、生理时间和劳动时间。小川指出，一个农民一辈子种水稻最多就只能种50次，这个经验很可贵，水稻是人，人是水稻，所谓"双向同构"。所以他拍水稻的时候实际上是在拍人，他把水稻当成人在拍，是内心的时间跟生理的时间碰撞。比如《牧野村千年物语》在开头请了一位天文学家拍了一个洪荒感觉的镜头之后，又开始对准自己的土地，接着，对土壤建档，诸如土层、土性、土壤等，用赛璐珞玻璃纸做模型，反复实验和拍摄。我研究这部影片多年，看起来确实像科教片，但它其实不是一般意义的科教片，小川寻找的是"存在"的深处信息。

在《牧野村千年物语》中，随着影片中时间的展开，观众以为自己到了中世，没想到又变成了近代；以为是绳文时代，却又到了近世或现代。时间类似于经祭文，是跳跃式的，这其实是"稻"的时间。在出土的石器和陶器之间，时间既断裂又延续。为此，专门带着石楔去找山形县烧炭的人，烧炭人当场用石楔去劈柴，说明石器时代的东西在现代生活里仍然得以延续。在考古的现场，天空中出现了喷气式飞机，时间被拉回到现代。

《牧野村千年物语》讲了什么呢？一开始的镜头就是一个村民在高处讲牧野村是怎么回事，藏王山的地形，一下子就塌方了，接着村民就讲山形县怎么回事儿，镜头后面就开始出现观音和乞丐。在追踪稻子的水源过程中遇到了水渠观音的故事，电影里的观音是帮助挖水渠的，乞丐自个儿喝着酒抱着莲花观音跌到水渠里去了，其实这里讲的是山里人和平原人的关系，水从山上下来的。

村民老康从土里挖出男根崇拜物，他编了一个花环将男根崇拜物围了起来。只要向地下挖60厘米就可以挖到绳文时代,时间也就几千年了,这个是时间的神奇。木村家的出土,让木村夫人担心惊到神,所以请了祭司来念祭文,目的是免灾。本质上,日本是"泛灵"信仰,尤其在乡村,所谓"万物有灵"。如果信仰不与自己的生产和生活等具体的事物发生利害关系,那么人类就没有理由创造出神这种抽象的事物。

时间在它结束的时候却又重新开始了,时间在不断重复,当我们的物质生活变得丰富的同时,已经把另外一个世界的存在忘记了。

《牧野村千年物语》跟《日本国古屋敷村》其实是重复的。《牧野村千年物语》拍摄时让村里的人自己来演自己的祖宗。让自己来演自己的祖宗有自豪感的同时也有不安,因为他们的祖先能活下来等于是叛变了,那个农民起义的5个领袖都死掉了,所以他们有不安感,让他们来演,这样就带出了村里人的内心。

因此,我提出一个新的概念,也是借用康德的概念,稻和人是双向的。"双向同构",就是稻也是人,人也是稻。有三个结构,一个是稻,一个是人,一个是时间,三者都是双向同构,二律背反,村子里是没有时间的,只有当稻子出现时才有时间。

## 六、亚洲,一个由水稻连接的大洲

《日本国古屋敷村》的摄影师拍烧炭人伐木,烧炭人在上面甩木头,摄影师用短焦镜头拍,不是用长焦。这是他们相处4年之后,彼此之间的默契,这就是小川讲的"时间"。

他在讲水稻时说:"根茎下有另一个地下的世界。"有的根是红色的,有的根是黑色的,有的根是白色的,那红色就是含铁高,黑色就是有机肥,白色可能就是有问题,搞得太透了。

拍三里塚的同时拍了抗争中的农民,他们当时拍摄了很多素材,但小川后来说,他们拍了抗争中的农民,并不理解种田的农民,所以他们就回来做《牧野村千年物语》。在这里,讲到铅字文化,铅字文化和稻文化不是同一种结果,但是铅字文化不理解稻文化,所以小川要表现身体的信息,所以这个存在是"Being"。

我总结一下，整个小川，从记录学生运动，到开始接触抗争中的农民，又由拍摄农民逐渐把自己变成农民，再跳出来，站在稻文化的背景下，讲出"亚洲是一个稻米连接起来的大洲"——它由亚热带气候和季风性气候及各种传统构成。

稻的意义远远大于现实的存在，它是一个正在消失的"另一个世界"的存在，而小川要做的是为消失的文明招魂。

# 农具，攻稻与麦

图 刘庆元  文 张美华

收土式打畦机（河南）

收土式打畦机是1953年至1957年的水利工作中，由河南登封大金店镇雷村农民张广义发明，以其人其事为基础拍有电影《土专家》。排水条件较差、降雨较多或气候比较寒冷的地方以作畦种植为好。为了耕种方便和有序种植农作物，先打出一条条大田畦，然后在其间大面积种植。打畦机正是用于田间开沟作畦的耕作机械，作业时，犁体入土，将土壤耕起向两边翻压，中间形成沟，两边靠平土板将畦面刮平，做成平整的畦面。作畦后，土壤排水良好，增加了种植层的厚度，并便于侧方灌水，畦面不易板结，有利于空气流通，提高地温。

卷五 书、歌与影　159

手摇打稻机（广西）

打稻机是收割水稻后将水稻籽粒与茎秆分离的机械。手摇打稻机依靠人力驱动，是半机械化工具，由进料口、机架、脱粒滚筒、传动齿轮和出料口组成，其工作原理是利用人力（手摇）滚动布满铁齿的轴轮使其高速运转，让谷粒从稻穗上脱落。手摇式打稻机结构简单，携带方便，造价低，适合单个家庭使用。

手摇谷风车（安徽）

风车是传统的农用加工机械，在收获禾谷类作物时，用来对种子进行除杂、精选。通过手工摇转鼓风，把轻飘的碎物吹离稻谷，从而把饱满的谷物与夹杂的枯草和干瘪的谷物分开。手摇式风车劳动强度大，机动灵活，适宜少量粮食分离。

卷五 书、歌与影 161

双行棉花播种机(山东)

双行棉花播种机,多用于北方单作或套种棉田,结构简单,便于使用和维修,还可用于播种其他作物。该机械主要由机架、种子箱、排种器、开沟器、覆土器、牵引杆、划行器、地轮、镇压轮、扶手等组成。特点是简单轻便、下种均匀、深浅一致、行距和播深可调,能一次完成开沟、下种、覆土和镇压四项作业。

水旱两用犁（湖北）

犁是用来耕地、翻土的农具，其下方安装了一块三角形的铁器，连接在一组用于牵引的畜力车或机动车上，也有用人力来驱动的，用来破碎土块、耕出槽沟，为播种做准备。水旱两用犁，属于用畜力牵引的耕地农具，特别适合南方水稻田和旱地的耕作。水旱犁作为农业或林业用的整地器具，具有结构简单、使用方便等特点。

小麦密植耧（河南）

耧，播种用农具。西汉以前，播种都是靠手工。汉武帝时发明了耧车，改变了手工播种方式。耧车由牲口牵引，人在后面把持，可以同时完成开沟和下种两项工作，是现代播种机的前身。小麦密植耧专用于小麦播种，具有下种均匀、深浅一致、拉力轻、速度快等特点。

## 小秧耙（河南）

耙：钯。秧耙是适用于水田的耕作农具，主要用于耙掉水田中的杂草，耙碎水田里的土块，以便种植水稻。人工对土壤进行浅层翻倒，达到疏松表层土壤的目的，称为中耕。中耕可以去除杂草，大量增加土壤层通气性，帮助提高地下土层温度，促进喜氧微生物活动和养分有效化，促使根系伸展，调节土壤水分状况。河南信阳农业社的小秧耙由平刮刀、滚刀轮（宽直刀片）及齿爪组合而成，具有构造简单、使用轻便灵活的特点。小秧耙用于中耕，一人一天可耙一亩左右。

卷五 书、歌与影 165

修畦底犁（福建）

修畦底犁是整畦机的一种。整畦机也叫起垄机，机体的后部下方设有位于刀具旋转轴后方的开沟犁刀（即地垄犁），能将土壤翻耕并推向地沟的一侧形成田垄。修畦底犁增加了旋耕刀组件，可实现旋耕、整畦一体化作业，应用范围更广，更经济实用。

一人打稻机（广东）

一人打稻机，简易的、单人操作的水稻脱粒机。通过人工踩踏驱动转轮，将稻谷从秸秆上分离。作业时，脚踏驱动滚筒高速运转，手持稻把，使穗头向前，穗头在旋转的滚筒上反复翻转，进行脱粒。

卷五 书、歌与影 167

玉米脱粒机（云南）

脱粒机为收割机械，指能够将农作物籽粒与茎秆分离的机械。根据粮食作物的不同，脱粒机类不同。玉米脱粒机是对玉米进行脱粒的机械装置。在工作时，玉米由进料口喂入，在高速旋转的转子与滚筒内受到撞击，玉米粒由筛孔分离出去，玉米芯从尾部排出，玉米丝、皮从风口排出。

独轮手推车（湖南）

独轮手推车历史悠久，俗称「鸡公车」，在近现代交通运输普及之前，它是最为轻便的运物、载人工具。其最佳使用环境是宽不盈尺的田埂和小路，其他一切车辆望而却步，唯有独轮手推车游刃有余。车前有一小轮，也可在过小河或小坑时单独着地使用。运输时，驾车者把拴在车把手上的布带套在肩上，双手平稳推车，付出的体力相当大。因其能在崎岖小道上行驶，成为山区人运送生产、生活资料的主要运输工具，普遍能载200斤至300斤货物，擅长驾驶者甚至能载上七八百斤。

多样筛子（辽宁）

多样筛子适于清选、分离各种谷皮杂物。由两个筛子构成，分上下两层，每层各有一个出口。筛子孔眼大小，可根据需要选择。两个筛子有两种不同大小的孔眼，可分清等级。使用时一人添料，一人操作，两人一天能筛出5000余斤。其优点是效率高，能分清等级，操作方便，减轻劳动强度，省人工。

## 花生剥壳机（湖南）

花生剥壳机具有小巧轻便、便于移动、安装简单、生产效率高等特点。花生由人工喂料，凭借搓力将花生壳剥离，由风力将大部分花生壳吹脱，再经由比重分选筛把花生仁分选出来。尚未剥离的花生（小果）再进行二次剥壳和过筛分选，达到全部剥离的目的。

卷五 书、歌与影

脚踏双刀切条机（山西）

由山西省长治市林业局创制，用于苗圃育苗剪截杨柳插穗。构造上，有一个平台机架，架的两侧有两个飞轮分别装在曲轴的两端。曲轴中间连有两根活动连杆，两根连杆的一端分别活动地连接在曲轴上，另一端与台面的两个切刀一端相接，两切刀的另一端用销钉安在平台上。每次可切4~5根一年生的枝条，比剪条剪子作业的效率提高23倍左右。

六行施肥播种机（安徽）

六行施肥播种机，能一次完成开沟、施肥、播种，可满足平原地区高、中产地块的播种要求。六行施肥播种机由播种单体、播种开沟器、施肥开沟器、肥料箱、起垄铲、划印器、地轮和机架等部件组成。通过对下种数量的精密控制，播种时按量定距，将种子相对有规律地单粒排放在环境较好的土层，使苗株自然合理，节省了人工重复蹲下间苗的劳动环节，播种效率是人工播种的15倍以上。

碌碡（陕西）

一种用于碾压的畜力农具，由木框架和圆柱形的石磙子构成，用来压土壤、碎土块和脱谷粒。其材质根据用途、地理差异而不同。北方常用石头，用来碎土、压场、脱粒；南方常用木头，用来压草、混泥、熟田。具体形状差别很大，石质的一般短而粗，木质的则长而细。其主要功能为：在旱地压雪、破垡、碎土、平地、镇田，在水田破土、压草、混泥、熟田，在场院压场、脱粒。这些功能在不同的时期、不同的地区各有侧重。使用时，用车、畜、人以绳索牵拉即可。

木制双铧犁(湖南)

木制双铧犁由犁头、犁辕、犁铧三部分组成。犁头用比较结实的榆木砍就,高约1米,砍成上面小、下面大的椭圆形。上面叫犁把,犁把上横穿一根1尺长的木棍,叫犁拐,是犁地人的抓手,可以掌握犁的深浅和方向。犁辕用松木制成,长约两米,像一根车辕条。犁铧用生铁铸就,为三角形,铧尖和两侧比较锐利,以便把地犁开。木制双铧犁在木犁的基础上安装了双铧。其翻土能力很强,过去步犁翻不转的地,双铧犁能翻起来,且生产效率高,犁耕得深又平。

牛拉平土机（江苏）

牛拉平土机是一种牛拉式自动稳定翻土装置。它主要由铁棱头、固定支架、深度调节器、撬面划痕器及手柄等组成。深度调节器在前拉支架的前末端，用以调节限定尖棱头自动翻撬泥土的深度；撬面划痕器在尖棱头的前侧面，用以调节尖棱头自动翻撬泥土面积的宽度；手柄便于人们对整个装置的操控。牛拉式平土机克服了传统犁难以控制、难以掌握的缺点，减轻了翻地的工作强度。

三齿耘锄（江苏）

三齿耘锄是一种新式耘锄，是平原旱作棉花、玉米、豆类等宽行作物中耕、除草、松土的机具。构造简单，使用轻便省力，妇女或半劳动力都能使用。效率高，两个人、一头毛驴每天可锄地15至20亩。锄宽垄时用大牲口，每天可锄地30亩。适用范围广，沙土、黏土都能用。此机械于20世纪初期曾在江苏省内棉区使用过，当时是苏州农具制造所生产的，数量很少。20世纪50年代初期又自北方引进，主要供盐城等棉区使用，70年代后基本停用。三齿耘锄主要由四部分组成：作为全锄主体的主梁，装刀杆的侧刀梁，可左右前后滑动以调节宽窄；装锄齿的刀杆，可调节锄齿入土的角度；用来锄草和松土的锄齿。

锄草播种机（江苏）

锄草播种机，一种既能锄草又能播种的农业耕作机械。锄草播种机包括机架，与机架相连的地轮和镇压轮，与机架相连的排种机构，与机架相连的开沟覆土机构，与机架相连、可接受人力输入的动力输入端，连接地轮与排种机构的传动部件，与各机构相连的调节机构，以及连接固定上述各部件的部件。锄草播种机可以人力驱动，集不同作业于一机，可完成多种播种及锄草、间苗和碎土作业。其结构简单，易于制作，工作可靠，使用、操作、维护都很方便。

178　碧山15　食物续

打穴机（安徽）

打穴机属于农业机械设备。利用打桩机的原理，打穴装置在上下往复运动的同时，可做螺旋式的旋转，利用螺纹钻出洞穴，这样可快速完成打穴的过程。打穴机减少了人力和物力的消耗，提高了种植效率，可方便而广泛应用。

大秧耙（河南）

基本原理与小秧耙相同。使用河南信阳的大秧耙，一人一天可耕种1亩至1.5亩耕地。

## 带水耧（安徽）

耧车是世界上最早的播种机，一人操作，每天可下种百亩，且埋种的深度和种子的株距行距保持一致，从而大大提高了播种效率和质量。我国北方春旱，播种时节缺墒，下种困难，"等雨"会导致延误播种期。为了克服这一困难，发明了"水耧"。在原有的旧耧上增加了五部分：水桶、出水口、入水口、水管和开关。安徽一带把水耧的水箱制成"门"形，将水耧斗固在中间，在水箱上增设水漏斗，每个耧腿后部安设输水管，这样水箱里的水就可以直接流入种沟。其特点是蓄水量大，播种时加水次数少。

独轮手推车（安徽）

独轮手推车，也称『小车』，硬木制造。车架安设在车轮两侧，用以载货或供人乘坐，载重约150公斤到200公斤。独轮手推车只有一个轮着地，故能通过田埂和小道。早年间，贫苦人家养不起牛马，所以独轮手推车成为最为常见和实用的交通运输工具，大小路皆可行驶，操作简单易学，男女均可。

# 什么养成了我们

## 景迈山食物与人

李朝晖

2021年3月，我从湖北驱车2000公里来到景迈山。

我是一个经常喝茶的人，而且以普洱茶为好，所以作为普洱茶圣地的景迈山在我心里并不陌生，但第一次真正踏入这里，还是给我带来极大的冲击。

我生活的三峡地区也是一个古老的产茶区，其茶事曾被陆羽记入《茶经》。进入山区，大大小小的茶园随处可见，成行种植的茶树被修剪得整整齐齐，成片的茶田不掺一丝杂色，十分清爽漂亮。

景迈山却是完全不同的场景，所有的茶树都生长在原始森林之中，没有垦荒造出的茶田，乍一看，眼里只有整山的森林，细看才发现，原来茶树都种在大树之下。把人类的生产活动和自然原始生态融合得如此完美，景迈山人的智慧令人叹服。

这次来景迈山是为了完成一个驻地艺术作品——《什么养成了我们之景迈山篇》，这个作品是我2019年在西双版纳（以下简称"版纳"）完成的同名作品的延续。

作为一名有生物学学科背景的摄影师，我会习惯性地带着生物学的眼光观察世界。我选择"食物"这个方向，以"食物链"的眼光，去考察当地的自然与人文。"食物链"是生态系统内各种生物因食物而形成的一种联系。人类本是生态系统的普通一员，经过200多万年的进化和发展，人类登上了食物链金字塔的顶峰，成为自然生态系统的终端消费者。人类还通过对其他物种的驯化甚至改造，建立了人工生态系统，以满足人类对食物的需要。

无论是植物还是动物，都源于自然，是自然的延续。可食物则是经由人类

右 傣族食物（张福英，勐本）
左 傣族食物（岩昆，勐本）

多年的选择、驯养和培育，才得以为人类的生命提供滋养。食物对于人类来说，关乎生命的安全和存续，充足而有特殊滋养作用的食物关联到人精神层面的安全感和幸福感。不同的食物塑造和影响到人的肉体，进而从物质层面转到精神层面，深刻地影响到个体和人群精神内在的构造和特点。我把人像和食物拼贴并置在一起，表达我关于"物质和精神之一体两面"的哲学思考。

人类获取食物的方式经历了从"自然采集"到"大规模种植"的演变。和其他地区不同，版纳和景迈山人的食物来源则居于这种演化的中间状态，食物结构和其他地域完全不同，表现为品种总数多、特有品种多、野生品种丰富等特点。

右 佤族食物（郭小英，南座）
左 佤族食物（陈小华，南座）

在版纳的作品创作过程中，我以民族为线索，试图探索食物物种和民族的关系。版纳共生活有13个世居民族，我选择了3个民族展开拍摄。包括版纳人口占比最大的民族傣族、人口最少的民族基诺族，另外还选择了拉祜族。拉祜族是一个和我本人有关的民族，基因检测的结果显示，我的祖源结构包括南方汉族50.3%、北方汉族39.7%、东北亚7.8%以及2.2%的拉祜族。我拍摄了版纳人食用的近200个物种的（食用部位）肖像，还拍摄了这3个民族的男、女各1人的全身站姿肖像。我请本地的民族专家在我拍摄的这些物种中选出了每个民族的特有常用食物的品种，然后把这些物种的肖像加上物种标签，拼贴成每个民族的一幅"民族食物物种拼图"。除此之外，我还利用该民族的食物物种肖像，拼出该民族人物肖像，试图讲述"到

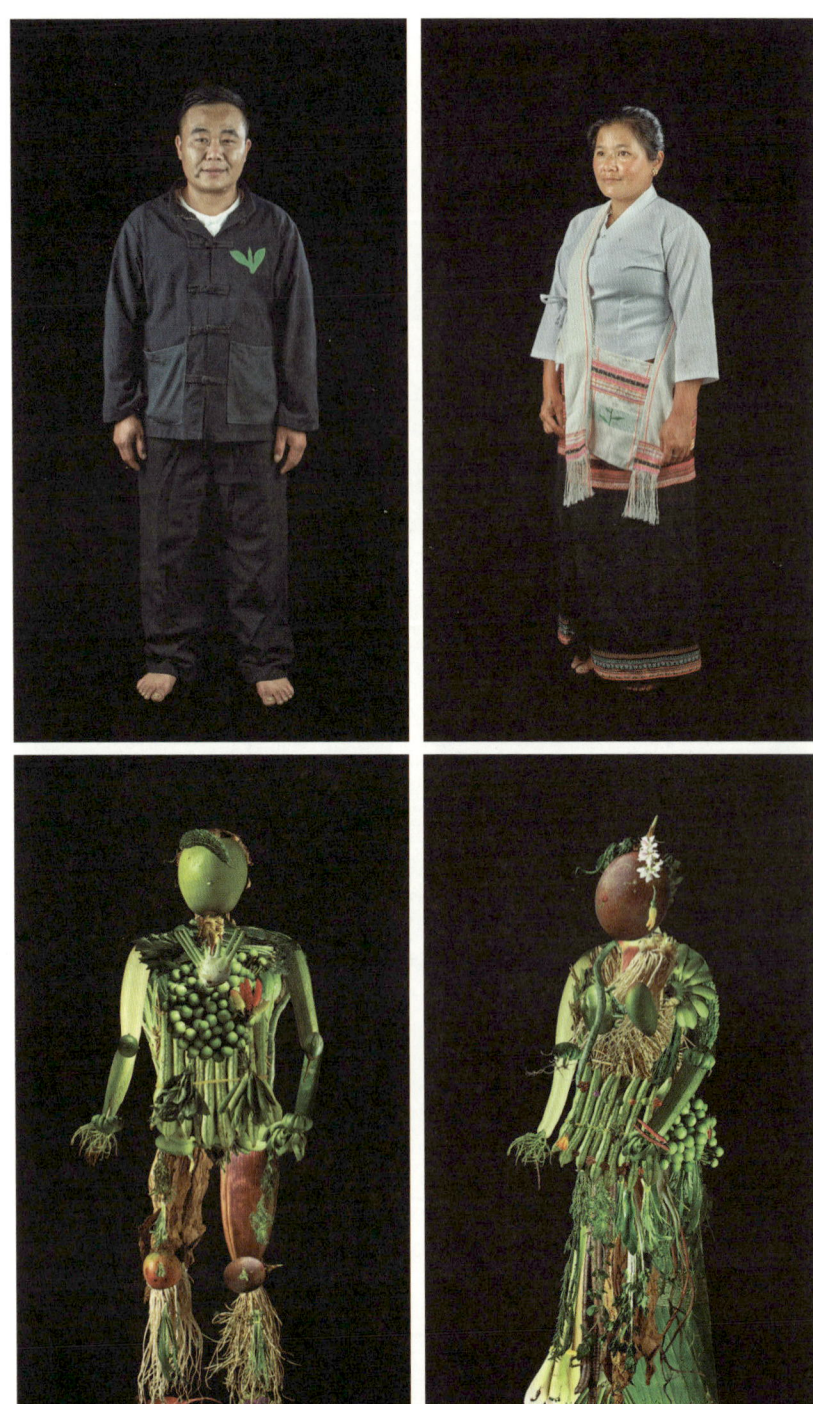

右 布朗族女性（而洪，芒景）
左 布朗族男性（艾苏，芒景）

右 布朗族食物女性拼像（而洪，芒景）
左 布朗族食物男性拼像（艾苏，芒景）

右 哈尼族女性（钟小英，笼蚌）
左 哈尼族男性（李新明，笼蚌）

右 哈尼族食物女性拼像（钟小英，笼蚌）
左 哈尼族食物男性拼像（李新明，笼蚌）

卷五 书、歌与影 187

底什么样的食物养成了我们这些民族"这样一个生物学的故事。

到了景迈山，我试图延续这个故事，但是在这个过程中，我的讲述有了新的变化。因为我发现，由于景迈山地域较小，各民族人群居住地的地理、气候条件相近，各民族人群的食材品种和饮食文化已经相互影响、相互融合，呈现出大一统的形态，在景迈山，单从每个民族去讲述食物的故事变得没有意义。

但是，这种民族食物形态的融合不正是我们整个地球全球化形态的缩影吗？想到这，景迈山的这个"什么养成了我们"的故事又显出了它特别的魅力。

我在景迈山的创作中，选择了山上所有的4个世居民族展开拍摄，包括傣族、布朗族、哈尼族和佤族。我拍摄了景迈山人用于食用的近200个物种的肖像，还拍摄了这4个民族的男、女性各一人的全身站姿肖像。对食物品种的挑选区分原则则由民族转到了个体，请被我拍摄的每个人分别挑选出他们常吃的和喜欢吃的食物，最后，我用他们选出的这些食物的肖像，加上生物学标签，拼出他们各自的"食物物种图"，并依据他们各自的人物肖像，用这些食物拼出各自的人物拼像，去讲述景迈山的"到底我们是由什么养成"的故事。

对版纳和景迈山的有关食物物种的观察还让我想到了另外一个生物学概念——"生物多样性"，而"食物多样性"正是在人类学意义上"生物多样性"的一种对应。

人类食物结构的单一，加上地球人口的爆炸式增长，造成原始生态区域被无节制的"开发"挤占。在我的家乡，往往能看到连片的群山被开垦成了茶园、耕地，这种场景过于司空见惯，不免让人对未来心生不安。

表面上，绿水青山的恢复很容易。在我们内地，几十年的退耕还林就卓有成效，山清水秀逐渐回来了。可生物多样性一旦遭受破坏，则将是毁灭性的。像版纳、景迈山这样的地方，成千上万年形成的原始生态，生长的物种数以万计，一旦被开发，即使人类醒悟撤出，恢复生长的也只是茅草、野生香芭蕉、牡竹、紫茎泽兰等这些少数"优势物种"，"物种宝库"的繁荣景象将一去不复返。这样的后果无疑是我们不愿见到的。

未来之路指向何方？

版纳和景迈山人的食物品种及其来源的多样性，以及景迈山生态茶树种植，是人类适应自然的生活方式的体现。这种貌似原始的食物结构和生产方式，会不会正是老天爷留给我们这些现代人的一个启示呢？

# 卷六 社会参与式艺术

艺术乡建进行时 王美钦

以人为本的地方营造 「茅贡计划」与乡镇建设 文 王美钦 译 王彦之

艺术参与地方营造 在景迈山翁基寨的乡建 王美钦

## 艺术乡建进行时

王美钦

艺术乡建在中国方兴未艾,尤其是近两年已经成为一个热潮,吸引了越来越多的体制上的支持(多所艺术院校都增加了乡村研究院或类似的机构中心)、众多学者的参与以及主流媒体的关注报道,也成为重要美术馆和大型展览经常包括的内容之一。作为对这个文化艺术界热潮的回应,以下两篇文章介绍在中国进行艺术乡建的一个重要实践者——独立策展人左靖所发起的艺术乡建活动。其一,以人为本的地方营造:"茅贡计划"与乡镇建设,节选自笔者于2019年在美国出版的英文专著《当代中国的社会参与式艺术》(*Socially Engaged Art in Contemporary China: Voices from Below*)中的第四章,在由美国斯坦福大学汉学硕士和策展人王彦之译成中文的基础上略作调整。其二,《艺术参与地方营造:在景迈山翁基寨的乡建》,是笔者于2018年发表于澎湃新闻的文章,未作改动,在此原文刊发。此文的写作也得益于笔者为完成《当代中国的社会参与式艺术》这本书而进行的资料收集和分析研究。

之所以有这两篇文章,是因为笔者于2015年夏天就"社会参与式艺术"这个研究课题到安徽省黟县碧山村考察时认识了左靖,自那以后就一直关注他作为独立策展人进行的一系列艺术乡建项目。左靖的艺术乡建活动因碧山村而正式开始并为中国艺术界和文化界所知,但并未因在碧山进行的乡建活动于2016年初遇到问题而终止。相反,他的乡建工作在碧山之后获得了长足多样的进展,因碧山的起起落落所经历的障碍、责难和质疑似乎都转换为他继续探索艺术乡建的能量。这让笔者想起在2016年为《碧山》杂志书新开办的栏目《艺术介入社会》写创栏语时提及的他那种让人敬佩的知难而上的精神气质。

左靖与碧山乡建活动的关系在众多的采访中已被多次谈及,更何况此杂志书就是因碧山而起,它的头几期都与碧山有关,感兴趣的读者可以轻易从中了解很多内容。所以笔者的文章重点记录和分析了左靖从2015年到2018年,在碧山村之外——用他自己的话"离村"——的乡建工作。

在那几年间,他带领团队进行了两个重要的艺术乡建项目:其一是于2015年底开始在偏远的贵州省黔东南苗族侗族自治州黎平县茅贡镇与地扪侗族人文生态博物馆馆长任和昕共同发起的"茅贡计划";其二是应云南省景迈山古茶林保护管理局的邀请于2016年底在云南省普洱市澜沧拉祜族自治县惠民镇翁基村启动的"景迈山计划"。借这两个项目的展开,他也对自己的艺术乡建工作进行了比较系统的阐释和理论建设,发展出了两篇文中都提及的乡建三部曲——空间生产、文化生产和产品生产,并整理出他的乡建理念》——"服务乡村社区,推广地域文化以及链接城乡"。笔者认为左靖所从事的艺术乡建其实是以人为本的地方营造,也是当代中国最为迫切需要的一种地方建设实践,不管是在农村或在城市。

研究者的脚步往往都是要落后于实践者的,笔者也不例外。《当代中国的社会参与式艺术》一书完稿于2018年夏天,所以笔者的两篇文章都没有谈及左靖在那之后的乡建推动工作和取得的重要新进展。感兴趣的读者可以关注他和他的团队在2018年开始的浙江省"徐岙底计划"和2019年开始的河南省"大南坡计划"。目前,这些乡村建设项目都正在进行中。左靖发起的一个又一个项目,不但创造了众多让不同学科和社会背景的人们相互合作共同成长的平台和机会,也改变了艺术与乡村的关系。在他们的实践中,乡村不再只是一个在艺术中被表现的带有抽象性质的遥远的地方,而是一个真切实在的,可以被艺术从业者和当地利益相关者共同生活、体验、发展的地方,一个大家可以共同创造、共同改造的家园。从社会参与式艺术的角度来讲,左靖的乡建活动把艺术带到广阔无比的乡村社会现场中,在现实生活中发挥它的能动性;艺术不再只是展示于美术馆或画廊里以绘画、雕塑、影像或观念等形式出现的供人瞻仰或购买的东西,而是成为促进人们为解决实际问题而进行创造性合作的一种催化剂,激发由下而上、以人为本的地方营造和社会变革的一种动力。

以人为本的地方营造
『茅贡计划』与乡镇建设

文 王美钦 译 王彦之

（摄影：朱锐）
茅贡镇地扪侗寨

## 艺术乡建与新乡村建设运动

自2011年起，独立策展人左靖开始正式介入艺术乡建活动，至今他已先后在中国多个不同的农村地区通过文化艺术项目来进行地方营造，以此来回应中国日益扩大的城乡差距，并探索新的乡村建设策略和途径。他的由艺术带动的乡建工作同时也把原来只在城市里被生产和消费的当代艺术带进广阔的乡村社会现场，使之与众多原先被排除在艺术大门之外的其他各行各业的人们互动，让艺术、创意思维和创造性活动进入更多人的日常生活空间。他的乡建策划创造了让很多不同职业背景的文化人和行动者进行跨学科协作互助的平台和机会，共同致力于传统农业文化和习俗的研究、农村社会的修复和农民生活的当代复兴。

左靖从小在安徽旌德县长大，在安徽大学新闻与传播学院任教是他的正职。与此同时，他自20世纪90年代末起活跃于中国当代艺术界，并且他从事艺术的方式从一开始就可以被称为是协作的、跨学科的——这种工作风格不仅延续至他后来的艺术乡建项目，而且发挥着重要作用。左靖在策展人这一职业还鲜为人知的时期成为一名独立策展人，除为艺术家个人策划展览之外，还开展了多个基础建设性项目来支持中国当代艺术的发展。比如，2005年，他在南京和邱志杰、朱彤共同策划了"第二届中国艺术三年展"，后更名为"南京三年展"。他曾在北京伊比利亚当代艺术中心担任艺术总监，这是比较早的私营艺术空间之一，在国营美术馆还不愿展出当代艺术时提供了机构支持。此外，他还是颇具影响的中国当代文化艺术杂志《当代艺术与投资》的创始人和主编，他甚至还主持编辑了最后两辑《今日先锋》。所有这些都促进了能够"产生共鸣的基础建设"（infrastructures of resonance）的发展，为当代艺术的生产、传播和对话提供了机构性的支持。

左靖的乡建工作于2011年在安徽碧山村正式开始，在那之前他已经开展过大量相关调研工作。在碧山，他的职业生涯发生了一个重要转折——把工作中心从城市转移到了农村，把发展中国当代艺术的热情转向如何让艺术介入当代农村的建设与发展中，让艺术带动更多的人参与到振兴中国农村的社会、经济和文化生活的草根运动中。他也自此成了中国艺术乡建运动的主要发声者和实践者之一，在开辟一条具有参与性、可持续性和地方性的乡建道路上不断探索。可以说，他和他的众多合作伙伴的多年工作是促成艺术乡建运动成为当今中国热潮的一个重要因素。

艺术乡建运动出现在中国，其意义或许应该结合"新乡村建设运动"来理解。"新

茅贡粮库艺术中心
（建筑设计：场域建筑　摄影：朱锐）

"乡村建设运动"指的是自20世纪90年代末至21世纪初以来中国知识分子、社会运动家为解决乡村危机发起的社会运动。这场危机被经济学家、改革者温铁军称为"三农问题"，分别指农民、农村及农业问题，而这些问题体现在农村社会的凋敝和乡村人民经历的贫困。这场危机于2000年成为公众热议话题，当时一位来自湖北省的农村干部李昌平给时任总理朱镕基写了一封信，呼吁政府关注农民群众的苦难和不满。这封信引发了一场全国范围的辩论，许多知识分子在各自的写作中对整个中国农村所面临的困境表达了类似的批判性评价。许多人指出，中国以城市为中心的发展战略给农村带来了诸多问题，例如经济停滞、环境恶化、社区生活和文化遗产的破坏、教育和医疗服务的匮乏等。

21世纪初，政府实施了大规模优惠政策来减轻乡村群众的经济负担。这些政策进一步缓和了农村的贫困问题，在全国范围内取得了不同程度的成功。受益于国家对乡村领域的加大投资，许多村庄已转变为富裕社区。在全国城市化的进程当中，已有城市的迅速扩张和新城市的创建都为居住在邻近地区的农村人口创造了新的经济机会，其中一部分人已成功从农民转型为收租金食利者或私营企业者，于物质上过上了舒适甚至富裕的生活。

然而正如已经指出的那样，在不同省份和地区取得的扶贫成绩并不相同。不仅如此，在20世纪80年代以公社为基础的农村社会解体后并未得到重建。相反，国家在相当程度上撤走了对农村公共工程和社会福利系统的投资，而当地政府与农村群体的关系也日趋紧张。此外，由于新政策极少挑战带有歧视性的城乡二元主义，农村群体仍然处于结构型劣势，没有从中国诸多新的社会经济成就中获益。

总体而言，城乡之间的不平等加剧。同时，以城市为中心的消费主义在官方社会和主流文化中逐渐占领主导地位，农村人在媒体中总是被描绘成素质低下的模样。用社会科学家孙皖宁的话来说，这是文化和象征领域不平等的一种形式，其作用是使施加在乡村人口之上的物质和制度的不平等变得合理化和自然化。城乡之间日益增大的社会经济和文化的鸿沟迫使成千上万的年轻农民迁居到城市，逐渐耗尽农村的活跃人力资源。而这无可避免地进一步恶化了农村现状，出现耕地荒置，房屋失修，家庭和公共生活分崩瓦解。

与这种农村人口的自愿迁移并存的还有大量被迫的搬迁行为，而后者是城市化过程中农村土地转变为城市土地、农村人口转变为非农业人口的直接结果。这一群体中仅有小部分人借助他们村庄的优越地理位置致富。因此，中国的乡村在以惊人的速度消失。据统计，村庄数量从2005年的360万个骤减至2012年的270万个。与村庄一同消失的还有构成了传统中国文化根基的艺术、工艺、礼仪和社会习俗。温铁军及其合作者警告说，这一过程对于乡村的家庭和社区来说是致命的，因为它同时还破坏了农村各地世代相传长期积累而成的多元化的本土传统知识体系。用许多持相同观点的学者的话来说，中国农村的衰落正呈现出灾难性的趋势，这是一场国家危机。

正是这份对中国农村正处于危机之中的认识激发了来自李昌平、温铁军、何慧丽和邱建生等知识分子行动者的非官方力量。他们自2000年起开始公开表达各自的担忧，并在不同的农村地区着手解决问题。正如历史学家亚历山大·戴（Alexander Day）所说，这种焦虑推动了各种各样的活动、实验和研究，且这些工作逐渐演变为一场农村社会合作运动，即"新乡村建设运动"。称其"新"是为了将其与20世纪二三十年代的一个由晏阳初（1890—1990）和梁漱溟（1893—1988）倡导的类似运动区分开来，当代许多知识分子也恰恰是从他们的实践之中汲取灵感。自专门从事乡村研究的人们开始，这场运动迅速吸引了来自各学科的知识分子的参与，并成了一场跨学科的草根社会运动。总的来说，思想敏锐的当代中国知识分子们愈发意识到乡村为城市经济的空前发展所做的牺牲，并认为是时候开始纠正这种不公正的现象了。戴认为，这一运动不仅是对国际资本主义在第三世界国家农村社会造成破坏的一种反思和批判，还是一场试图通过改变农村及在社会、经济和文化领域的城乡关系，来寻求乡村问题解决方法的乡村实验。

"艺术乡建运动"萌生于上述背景之下，是由艺术界里一些富有批判性思维的从业者发起的有直接社会意义的实践，它联结了当代艺术的实验性和跨学科性与乡村建设的当代情境和地方特定需求。鉴于新乡村建设运动面临的种种障碍，拥有相似目标却由艺术主导的乡建活动，为有志于此的知识分子们构建了一个新的平台，让他们得以在乡建领域另辟蹊径持续开展对话。左靖与其他参与乡建活动的艺术从业者一样，显然与新乡村建设运动的发起者担负着相似的使命感，他在乡建工作中也有意识地借鉴了现有的乡村建设理论和实践。因此我们有理由将他视作新乡村建设运动的一名积极参与者，他的艺术乡建工作也可以被看成是新乡村建设运动的一种艺术性的创意呈现。当然，左靖2011年在碧山开展的工作并非唯一或首个通过艺术进行乡建的项目。更早些时候，一些艺术专业人士就已在不同的乡村地区开展了项目，例如，胡项城于2000年在上海金泽镇开始了他的艺术乡建，类似的还有靳勒于2005年左右在甘肃石节子村和渠岩于2009年前后在山西许村开始的项目。是这些艺术家和策展人的共同努力构成了艺术乡建运动，不但为新乡村建设运动带来新的活力，也反映了中国当代艺术发展的一个重要的新方向。

这些艺术乡建活动家以艺术文化为切入点，策划了各种活动来吸引都市文化从业者和特定乡村社群的参与，共同致力于恢复农村的公共生活。他们不认为自己在"下乡"，而自称是"知识分子回归乡村"。这让人想起前现代中国知识分子遵从的一项传统，即受过教育并在城市打拼出一番事业后，人们往往仍会回到故土，也就是所谓的"叶落归根"。在当代艺术乡建的实践中，乡村不只是一个在艺术中被展现的地方，更是一个真切的艺术从业者和当地利益相关者共同生活、体验、发展的地方。与20世纪80年代以来主流的社会经济话语的所作所为不同，艺术乡建的参与者并不是从农村转移资源来丰富都市人的生活，而是希望开发新的方式把他们在城市积累的资源导入乡村。这里，艺术和文化作品不是最终的产品，而是基层的地方营造运动中的重要组成部分，其使命是改善中国乡村的整体宜居性，同时增强其所参与建设的不同村庄的"地方性"。本文围绕左靖于2015年在贵州发起的"茅贡计划"，分析他的艺术乡建工作的开展方式、特点和社会意义。

## "茅贡计划"和乡建三部曲

左靖自2015年起开始与地扪侗族人文生态博物馆馆长任和昕合作,在偏远的贵州省黔东南州黎平县地扪村开展工作。和侗族聚居地黎平县的其他村庄一样,地扪村较好地保留了拥有百年历史的农耕生活方式,这主要归因于它地理位置的偏远和外界人士来此通行上的不便。近年来,该地区丰富的物质和非物质文化——例如侗族大歌、独特的民居和礼仪建筑,以及风景秀丽的山坡稻田——已被民族文化研究的学者和游客们所了解。任和昕是黎平县本地人,曾是一名新闻记者,在中国第一家民办生态博物馆——地扪侗族人文生态博物馆于2005年建成后担任馆长一职。尽管位于地扪村,但博物馆的边界向外延伸至邻近所有乡村,对侗族文化做了大量研究——从歌舞、建筑、农事到本地工艺品如造纸和纺织艺术等。博物馆所做的努力为这些村庄带来了外界的关注,2008年,地扪村被美国《国家地理》和《旅游与休闲》杂志报道,2012年获得了美国总统艺术人文委员会颁发的"国家艺术人文青年活动奖"。

2015年,左靖首次造访地扪村,真实自然、未受高度商业化的现代生活入侵的农村景观即刻吸引了他。让左靖尤为触动的是任和昕的工作,以及他对保护、发展乡村文化遗产时的不干预态度。任和昕本人总结说:"没有发展就是发展,没有保护就是保护。"这句话中的第一个"发展"和第一个"保护"指的是那些以保护为名、由旅游业驱使的大规模开发项目,往往破坏了本地的居住生态和社会经济格局。与此同时,正如作家谭恩美(Amy Tan)提到的那样,外界对乡村的影响已经越来越显著。许多年轻父母为了更好的发展机会去往城市,把孩子留在年迈的祖父母身边。变化不可避免,且速度越来越快。与其像许多农村地区那样任由不尽如人意的变化席卷村庄,左靖提议提前采取措施让变化往更理想的方向发展。2015年底,他携手任和昕共同在地扪村和周围村庄所隶属的茅贡镇启动了"茅贡计划"。

茅贡镇本身非常普通,甚至可以说平淡无奇。就像中国数不胜数的乡镇一样,它的主街上大多是外表平庸的住宅和商业并用的多层砖泥房。这种建筑几乎鲜有差异,自20世纪90年代起开始在中国各地流行起来,很大程度地同质化了许多村镇和县城内具有本地建筑特色的环境。因此,镇上鲜有周围村庄那样保存完好可展现独特传统的建筑物。尽管如此,左靖认为茅贡镇作为该地区人口最密集的地区之一,不仅靠近古村寨,且在该地区有着商品和信息集散中心与市场的地位,这些都比任何一个村庄更利于新思想的传播。

茅贡镇（摄影：朱锐）

在"茅贡计划"的开展期间，左靖用三部曲的形式完善了他的乡建理论，即空间生产、文化生产和产品生产。他的理论可以体现在"茅贡计划"的第一个子项目，即于2016年8月开放的粮库艺术中心及其开幕展。"空间生产"指的是将闲置房屋改造为用于艺术活动的新公共空间。就这个目标，左靖委托建筑师梁井宇负责把茅贡的一些废弃公共建筑改造成新的公共文化场所。梁井宇通过和本地木匠及其他工匠的合作开展了这项工作。茅贡镇的第一个艺术空间——粮库艺术中心的建立，是空间生产的一个示范，将废弃的粮仓建筑群改造成了一个设有工作坊、展厅、户外表演区和生活区的综合体。梁井宇在很大程度上保留了建筑的原始结构（用砖和水泥建成的仓库），在外部新添了一条长廊以凸显其独特的传统建筑特色，例如未上漆的木柱、墙壁、地板和黑瓦顶。这些改造既有本地居民熟悉的部分，又增加了陌生的元素。艺术中心的开幕展览吸引了镇上和邻村大量的居民前来，他们充满好奇地参观体验这个新的空间。附近学校的学生也慕名而来。作为"茅贡计划"空间生产的一部分，左靖团队还对镇上其他几处废弃的公共建筑进行了翻修改建。

"文化生产"是指通过研究、展览、出版和交流论坛对本地文化进行有意识的生产和推广。左靖策划各种研究项目，让国内外的艺术家、建筑师和学者与当地手艺人及普通村民合作，对该地区的自然文化资源进行历史研究和田野调查。粮库艺术中

粮库艺术中心开幕展展览现场
（摄影：张鑫）

心自然也成为他们进行文化生产而带来的一个实质成果，同时也是推广地方性文化生产的实体设施。毫无疑问，为开幕式而准备的多个展览也是文化生产的成果展现。

"1980年代的侗族乡土建筑"是主要的开幕展览，展示的是记录乡村建筑多年的摄影师李玉祥的黑白摄影作品。该展览的目的是，不仅要为侗族乡土建筑提供一份罕见的历史观，而且要激发人们对侗族建筑与占领了中国城镇的现代建筑相比所具备的环境和文化优势的讨论。它着重呈现了侗族木构建筑系统在象征意义、美学品质、功能性方面的成就，以及建筑和自然环境之间的和谐关系。该展览包含一个名为"禾仓计划"的部分，展示的是由梁井宇带队的禾仓研究团队的工作和研究成果。它展陈了用于建造粮库艺术中心的木工工具，针对这些工具的绘画和文字说明，以及侗寨建筑结构部件的测绘图。墙上还悬挂着参与建造的当地主要工匠们的肖像。第二个展览"百里侗寨风物志"展现的是茅贡镇所有侗寨近期的风景、节庆和日常生活的摄影和影像作品。每个村寨以有辨识度的本地景观的彩色照片作为代表，另有一幅标记了该村在茅贡地区具体位置的地图。

在左靖的设想中，文化生产方面的工作不仅要唤醒当地群体对本地传承文化的欣

202　碧山15　食物续

粮库艺术中心开幕展
（摄影：张鑫）

[百里侗寨风物志]展览现场，2016年（摄影：朱锐）

赏，鼓励他们参与到它的可持续发展之中，还要提升其在外界的知名度。于此他延续了在碧山村进行乡建活动的目标之一，即通过展览和交流论坛提升当地文化的知名度。除了策划主要服务于当地居民的永久性展览，左靖还争取到重要的展览场地去展示"茅贡计划"。其中一次亮相是在2016年5月的第15届威尼斯建筑双年展中国馆的"另一种可能：乡镇建设"主题展览中。左靖和他的同事们将正在进行中的"茅贡计划"在观念和实体上的多个方面建设浓缩为4个视频片段集中展示，其中包含照片、访谈、陈述、电影片段和动画插图。这些视频也被包括在粮库艺术中心的开幕展览中，再次成为"茅贡计划"中文化生产的一部分。

伴随艺术中心开幕的还有一项特殊的展示，即受该地区手工艺传统启发的三个独立设计师品牌。这和左靖的乡建三部曲中的最后一个部分"产品生产"有关，也就是运用地方资源在当地生产并出售给游客，从而让当地经济受益的物质商品的生产。

展览现场，2016年（摄影：朱锐）

「1980年代的侗族乡土建筑」

左靖认为这是"茅贡计划"中能够让乡建工作得以持续的重要组成部分。他直接采用了地扪侗族人文生态博物馆建立起的合作体系，该体系支持那些基于社区、家庭和个人的生产单位制作的拥有本土性且对环境友好的商品，例如农产品、当地特产和手工艺品。这个合作系统囊括了由博物馆提供的基本培训和质量监督、当地生产者动手实践的商品生产，以及由博物馆帮助建立的创意乡村联盟所做的产品开发与销售。左靖发现，这种合作体系让村庄的集体经济重新焕发活力，提高了个人家庭的收入。他期待"茅贡计划"的运作能通过建立正式的合作机构，让村民与外界的专业人士合作或者寄售他们自己制作的产品，以此更好地融入并增强这个合作体系。这是他乡建工作整体中的一部分，目标是吸引外部的商业和文化资源，将其导入乡镇，丰富当地社区。

在左靖的乡建三部曲中，三个部分是相互关联的。空间生产为推动文化生产和产品

卷六 社会参与式艺术　205

「1980年代的侗族乡土建筑」展览现场（摄影：朱锐）

生产提供了实体地点，而后两者为前者提供了内容与实质。此外，文化生产还可以成为产品生产的准备工作，因为前者旨在研究并提升当地物质与非物质传统和习俗的知名度，而这些很自然地会促进后者的发展。这一点在"茅贡计划"的最新展览"米展"中得到了体现。该展览于2017年10月在由茅贡镇老供销社改建成的百村百工中心开幕。"米展"致敬的是当地悠久的稻作历史和植根于稻米文化的本地社会习俗，以及稻米在整个中国社会文化中的重要性。因气味香醇而享誉全球的"香禾糯"产于侗族地区，其稻作方式是一种名为"贵州从江侗乡稻鱼鸭系统"（已被列入中国主要农业文化遗产和全球主要农业文化遗产）的对生态十分友好的种植方法。被誉为"糯中之王"的香禾糯是最古老的稻米品种之一，需要人工小批量耕种，且产量较低。

"米展"展示了围绕稻米发展的物件、诗歌、图像和表演，涵盖了诸如服饰、食品、器具、稻作族群的风俗礼仪等许多方面。左靖在谈及该展览的时候说道："我们正在用平凡的稻米构建一个世界……我们要珍重每一粒作为生命源泉的稻米，感恩仍在田间地头辛劳耕作的农人。"他认为这可以是一个活性展览，可以巡演到不同地区并吸收针对当地稻作文化而创作的新作品加入。在他的想象中，这个展览或许会吸引越来越多的人去思考如何设计、创作与米相关的产品。

米展户外（摄影：朱锐）

"米字道旗","茅贡米展",2017
(摄影：朱锐)

米展展览空间
(摄影：朱锐)

米展展览局部
(摄影：朱锐)

卷六 社会参与式艺术　209

米展展览空间（摄影：朱锐）

值得一提的是，"茅贡计划"是在任和昕的协调并得到地方政府支持的情况下展开的。任和昕土生土长在黎平县（茅贡镇在黎平县的管辖范围内），又是地扪侗族人文生态博物馆的馆长，在过去的十年里与当地政府部门建立了牢固的关系与信任。官员常常就其他村、镇甚至县的乡土发展问题向他请教，贵州省文物局聘他为专家。因此，由他联合发起"茅贡计划"是最合适的，他也有能力从地方政府争取到政策和财政支持，尽管这些支持极其有限。

值得关注的是，"茅贡计划"与镇政府将茅贡打造成创意小镇的发展规划相吻合。政府的规划中也想把生态博物馆当作一个核心板块纳入。这一点在宣传粮库艺术中心开幕式的大型沿街海报里得到了清晰的表达，如其中一部分标题为"茅贡文化创意小镇"，而副标题则是"引领传统乡村走向创意乡村"，紧接着的是一系列计划支持文化人士公益或商业企划的创意工作的待建场所，最后是一张涵括了所有参与村庄的地图。显然，任和昕和左靖有意识地借着中国政府推动文化创意产业发展的契机，来推进他们由艺术带动的地方营造计划。

**乡村建设的另一种可能**

左靖和任和昕之所以选择在茅贡镇而不是它所管辖的传统村落内进行乡建工作，是为了尽量减少"茅贡计划"可能会给这些恬静的传统村庄现有的社会经济结构带来的潜在负面影响。这里所说的镇指的是中国县级以下的行政单位，在行政级别上比村庄高一层级。左靖认为，在已经城市化了、人口更密集的镇上开展乡建工作能够帮助村庄抵御大规模发展旅游业带来的不良后果，避免因大型企业的投资而带来的对当地资源的过度开发。他显然受到了中国社会学家、人类学家费孝通的启发，后者热切主张将发展小城镇作为乡村经济和社会发展的主要途径。左靖认为中国的城镇长期充当着周边村庄的市集和交易中心，因此更具备与商业和资本力量谈判的能力。

在左靖和任和昕的构想中，茅贡镇将成为城乡之间文化与物质交换的交汇点，以及文化传播及消费的次中心。左靖称这个新计划的目标是"鼓励集体经济，严控不良资本，保护村寨的自然生态和社区文脉"。他希望能为当地引进一些具有地方性的公共艺术形式，以此"促进当地的文化经济发展"。对他而言，"茅贡计划"是一项新的实验，一次从乡村建设到乡镇建设的转变，也是艺术乡建的另一种可能。

米展展览现场
（摄影：朱锐）

卷六　社会参与式艺术　213

米展展览空间（摄影：朱锐）

可以说，乡镇建设的理论设想和实践尝试是"茅贡计划"的一个重要意义，通过这个项目，左靖对中国目前已有的艺术乡建模式提出另一种可能，即把乡镇作为这一实践的新的主要场景。他的理念是将能够快速推动、把控商业活动的乡镇作为乡建工作的中心，打造一种对当地社群有益且可持续的经济发展模式。镇可以被视为一种新的区域，这里能够刺激新的生产，促进商业交易，同时抵御资本的摧毁力。左靖认为，有了镇的保护，就能防止乡村资源（包括人与自然）的过度开发，社会生活就能不受侵扰。这一理念是要适度地计划和发展集体经济，在无须依赖大量商业投资的情况下振兴地方文化遗产，保护自然环境。

从现实的角度来看，乡镇模式的潜力在于，镇已经是每个县（县城作为中心）之下的集散中心，而且还是管辖村庄的行政中心。因此，新的文化经济模式能够在镇上先做尝试，然后再逐步辐射到村。此外，正如左靖所观察的那样，中国的大多数乡镇都有粮库、供销社等新中国成立后建成现在却被闲置了的公共建筑。这些废弃的建筑物是现成的空间，可以通过艺术家、建筑师和设计师的创意干预，成为服务于全镇公共文化经济生活的新场所。或许这对于左靖来说还有另一个有利因素，镇往往要比村更容易接受新鲜观念，因为前者的居民来自不同地区，更为混杂，而后者的人口流动要少得多（或许根本没有），较为封闭，自然就对非本地人有着更强的防范意识。所以，镇对于外来人士会更包容——其中就包括了有意与当地社区和居住环境互动的艺术文化人士。

对于左靖来说，"茅贡计划"的一个长远愿景是将粮库艺术中心作为基地，接待外来的艺术从业者，让他们能够通过研究当地的文化和自然状况，创作出当地社区成员能够参与或能引起共鸣的场域特定公共艺术作品。目的是增强该地区作为可持续旅游目的地或在中国俗称"文化旅游"的艺术文化价值。他的逻辑在于，既然旅游业作为中国政府乡村振兴和文化遗产保护的主要途径，在政府近年来的大力推动下成为趋势，不如设计出能够将旅游业推向相对可持续发展方向的项目。他选择用艺术主导旅游，提倡在保护地方资源、激活当地社区生活和发展本土经济之间找到平衡，从而避免高度商业化的旅游业带来破坏。有必要指出的是，文化旅游对全球生态依然会造成一定的负面影响，关键是如何平衡。

左靖高度赞赏的一个模型是策展人北川富朗于2000年在日本新潟县发起的越后妻有大地艺术祭，其目的是用艺术作为催化剂来振兴日渐衰弱的乡村地区。三年一度的艺术祭已经成为全球最大的艺术节之一，展示了在当地发展、利用本土现有资产并重新发现其价值的项目和倡议。对中国的许多艺术人士来说，这是一个通过艺术文化生产振兴地方的成功案例。左靖一直把这个日本范例放在心里，他很清楚这个项目所要付出的巨大努力、经历的复杂过程和建立信誉花费的时间，为此他也把自己在茅贡镇做的工作当作一个没有期限的长期工程。他在最近的一次会议演讲上说："在某种意义上，'茅贡计划'是碧山计划的升级，是一个与现实妥协后的解决方案，或者说更加实际的选择。"这里所说的妥协，可能指的是他在进行乡建运动时满足了当地政府对旅游业发展的需求，同时努力在旅游业和他作为知识分子的理想之间寻找一个交汇点。

**以人为本的地方营造**

可以说，左靖的乡建理论与温铁军等发动知识分子开展乡建的改革者的想法是相吻合的，他们认为乡建应该聚焦于文化系统的重建，也就是对人与人之间和人与自然之间的可持续关系的建设。阿黛尔·摩根·库雷克（Adele Morgan Kurek）在论及碧山的乡建活动时，称它"向强调资本积累和城市化的'现代化'主流叙事提出了挑战"。相应地，它也向在全球蔓延的自由资本主义理念及它的唯利是图提出了挑战。资本主义的逐利性已经破坏了无数的特别是发展中国家的有着独特历史和传统的地方和人群的生活方式，把他们的家乡变成了资本的生产场所并把人们变成了极易被替代的劳工，以此来满足贪得无厌的利润需求。在这种关系下，家乡、自然和人都统统被吸进了以牟利为唯一目标的极具破坏性的体系中。

对资本提出的挑战，也体现在"茅贡计划"之中。左靖在这个项目的开展过程中着重保护当地特色文化和民艺传统，以增强当地社区的地方感与认同感。然而，尽管这个计划的目标是保护当地的文化、建筑和手艺，但并没有将当地特色视为旧日遗存。相反，左靖和他的合作者致力于通过艺术手段来增强、激活本地传统与当代生活的相关性，同时为乡村居民创造新的就业机会，从而带动更多本地人参与到家乡的发展中来。毫无疑问，他发起的这个项目还为许多年轻的专业人士提供了机会，并将他们的知识和技能运用到乡建之中。他们就乡村地区的种种问题积累了第一手经验，部分人自然会成长为未来的专家，将这股智性的社会运动延续下去。

作为乡村建设的一名积极分子，左靖和许多其他艺术从业者出身的乡建实践者一样，都希望文化自觉的草根方法能够为中国政府在全国范围展开的乡建运动提供一个有益的模式。总体来看，左靖实施的乡建计划可以被视为一种地方营造的工作，致力于保护特定乡村地区的文化特征，促进当地居民在日常生活、文化生态和经济发展之间的可持续关系。简言之，这是在为普通百姓构建一个宜居的场所，尤其是那些在中国的现代化和城市化进程中被边缘化的人。

在批判被全球化消费资本主义主宰的城市化进程时，大卫·哈维（David Harvey）尖锐地指出："现代世界存在着一个严重得多的关于流离失所的危机，许多人没有了自己的根和他们与家园的联系。"他还认为"恢复一个能够扎下有意义的根基的切实可行的家园"是当务之急。因此他主张:"地方营造应该与根基的复原有关,与住所的艺术性复原有关。"哈维将地方营造与根基的复原和住所的艺术性联系在一起,这恰是当今世界所需要的一种思想。就我看来,许多艺术从业者就是从最广泛的意义上参与着这种地方营造,或者说是与家园联结的建设。这里所说的"家园"是人们能够认同并且安定下来的地方,意味着他们不会被他们的生活环境所异化,不会失去公共空间的权利。从根本上讲,它涉及创造自己参与公共事务的方法和改变自己生活空间的权利。所以说,地方营造不应该只是建造新建筑,而是应该建立"产生共鸣的基础建设",例如社交互动的新形式和新的社会关系,从而为自下而上的公民自觉的增长和公民空间的拓展做出贡献。

正是在这种思想的推动下,左靖与他的众多合作伙伴继续着他们小规模的扎根当地的、由艺术带动的地方营造项目,通过促进新文化形式的生产、鼓励基层参与乡村发展的社会互动,滋养乡村公共生活的生长。他们的这种地方营造,并非致力于建立适合自上而下进行监管和支配的空间,而是着眼于自下而上的适合当地的宜居空间的营建,用哈维的话来说就是建设"一个能够扎下有意义的根基的切实可行的家园"。这便是以人为本的地方营造。

注:本文节选自笔者于2019年在美国出版的英文专著《当代中国的社会参与式艺术》(*Socially Engaged Art in Contemporary China: Voices from Below*)中的第四章,由美国斯坦福大学汉学硕士和策展人王彦之译成中文,笔者随后调整了标题和一些内容。因篇幅限制,本文删减了所有注释。

# 艺术参与地方营造
## 在景迈山翁基寨的乡建

王美钦

翁基云海（摄影：朱锐）

## 地方营造和艺术乡建

"地方营造"(place-making)是近年在中国城市规划和乡村建设领域频频出现的热词,又名"地方创生""场所营造"或"社区营造",基本上是指对一个具体地方(城市、社区、乡镇或村落)进行考察和评估并制定相应方案来改善当地生活环境、提高居民生活质量的一种综合性的在地建设活动。"地方"在这里不仅指向有形可见的具体地理位置,当地居民的物理生活空间、经济方式和生产形态,也包括相对抽象的但又与人们日常生活息息相关的社会空间和精神文化空间。因而,其涵盖范围通常包括该地方的人文和地理环境、社会经济、历史、文化、审美等多方面的资源,并由此制定一个能最大限度地展示和提升该地方本身所具有的特色和魅力的建设或改造方案,再通过美学表达、社区认同感和文化归属感、人造环境和自然环境的协调、宜居性和可持续性等方面体现出来。[1]

地方营造最初是一个用于城市规划和管理的概念,可溯源于20世纪六七十年代的美国,由学者简·雅各布斯(Jane Jacobs)和威廉·怀特(William Whyte)等提出。[2]他们挑战当时美国主流的城市规划理论,批判因为追求整齐标准、分工明确的蓝图式理想城市而把完整复杂的城市和社区粗暴地分割为机械化的、功能单一集中的分段式或碎片式区域的做法。他们认为当时众多的城市改造工程忽略了生活在其中的居民的实际需要而使城市越来越非人性化,失去了原先让城市富有吸引力和充满活力的多样性。他们强调城市规划应该以人为本,以为人们的日常生活提供便利和创造意义为工作重心,而不仅仅是为汽车和购物中心服务。为提高城市的宜居性,他们提倡发展富有生机的社区和街道,并创建受所有人欢迎的小型公共场所,如街头巷尾的小广场和小公园等可以让人们随时停下来休息、交流或娱乐的公

---

[1] Ronald Lee Fleming, *The Art of Placemaking: Interpreting Community Through Public Art and Urban Design*. (New York: Merrell Publishers, 2007).
[2] 常被研究地方营造的学者引用的两部经典著作是简·雅各布斯的 *The Death and Life of Great American Cities* (New York: Random House, 1961) 和威廉·怀特的 *The Social Life of Small Urban Spaces* (Washington, DC: The Conservation Foundation, 1980)。

卷六 社会参与式艺术

共空间。他们的地方营造理念是一种多方位的理念，通过对公共空间的规划、设计和管理来提高居民的生活质量，其中，美学与建筑和景观设计融为一体，从而带来对城市总体环境的改善。自那以后，许多西方城市管理者都开始通过扶持公共空间项目来改善城市环境，并为这种项目提供制度和财政上的保障，地方营造作为一种理念和实践也因此得到不断的发展和推广。[1]进入21世纪以来，地方营造作为一种理念不但在世界范围内被城市规划者和乡村建设者广为实践，也涉及越来越多的专业领域，如地理、经济、公共政策、艺术、社会学、人类学、心理学、建筑、技术和营销等，成为一个国际性的跨学科、跨行业和跨文化的学术研究领域。

在当代艺术界，地方营造也成为社会参与式艺术的一个重要部分。远在欧美各国，近在周边的日本和中国台湾，都有富有跨学科合作精神和社会参与意识的艺术家、策展人和评论家在城区或乡间通过艺术和文化的手段进行地方营造活动。他们把艺术创作、展览或艺术批评活动与改善具体社区的公共文化空间和当地居民的生活质量相联系，意在通过地方营造来实现艺术与社会的直接互动，让艺术能够参与社区规划和建设，介入对如何提高特定地区生态环境和生活质量的思考，并为社区建设或改造方案的决策者提供另类思维和经验以扩展他们对此类实践的认知和把握。艺术参与地方营造也让艺术不再是高高在上的，与非艺术工作人员不怎么相干的，只对一个小圈子里的专业人员有意义的东西。它可以非常接地气，以灵活多样的形式融入普通人的实际生活，重新成为日常空间的一部分，不再与生活人为地分离。可以说，这是很多从事社会参与式艺术的实践者的一个共同追求。

在过去的十来年，地方营造的理念不但在中国新一轮的城市化进程中得到广泛的实践与推广，也逐渐被运用到由政府带动的方兴未艾的乡村建设中去。先有"美丽乡村"建设运动，接着兴起"特色小镇"建设风潮，最近又有"乡村振兴"战略出台，为改善中国广大乡村的面貌、调整农业地区的经济结构和提高农村居民的生活水平提供新一轮的政策和财政支持。所有这些自然而然地在全国掀起一阵阵乡村建设热潮，这个热潮刚好与近年来升温的文化旅游业相遇，最具代表性的事件是2018年初中国文化部与旅游部两个机构合并组成了中国文化和旅游部。在这个背景下，通过艺术和文化活动进行乡村建设，似乎也从原先带有强烈实验性的、由个别当代艺术家和策展人发起的社会参与式艺术实践，发展为一场新的跨学科的社会

---

1 Trevor Sofield, Jaume Guia, and Jan "Specht.Organic 'folkloric' Community Driven Place-making and Tourism," *Tourism Management* 61, 2017.

人与空间（摄影：慕辰）

运动，不但政府大力推动，也受到越来越多主流媒体关注，并成为学术界的一个热议话题。在《碧山》杂志第10期的《艺术介入社会》创栏语里，作者提到当代中国艺术实践正在发生着一种极富当代性和启发意义的转型，即"艺术介入社会"。在全国各地乡村和乡镇出现的由艺术工作人员发动或参与的各种艺术乡建项目正是典型代表。也就是说，艺术参与地方营造已经成为很重要的乡建方式。这其中，艺术策展人和乡建活动家左靖多年的乡建工作显示，地方营造作为一种社会参与式艺术，能够为中国部分乡村地区的复兴和可持续发展提供富有参考价值的思考和探索，并积累有益的经验。

自2011年起，左靖组织一批从事文化艺术的专业人员，包括策展人、艺术家、建筑家、设计师和研究者等，先后在安徽黟县碧山村、贵州黎平县茅贡镇和云南澜沧拉祜族自治县景迈山地区进行艺术乡建项目。他与多种专业背景的人士合作，通过对乡村古建筑的改造和活化利用，对民间工艺和传统习俗的深入系统研究，以展览、出版、艺术节和工作坊等形式来吸引更多的人来了解、关注、讨论中国渐被忽略的农耕文明的历史成就和广大乡村近30年来的现实困境，并参与到复兴乡村公共文化生活以及提升村民物质和精神生活的乡村建设事业中来。在修复中国屡遭破坏的农业社会、增进农村与城市之间的互动以缓和两者之间日益扩大的差距这个大使命的前提下，左靖采取的是从一个村、一个镇的小范围的地方营造项目开始，从当地的实际情况出发，在行动中积累经验、吸取教训并发展相应的乡建理念。

## "景迈山计划"和翁基寨的地方营造

"景迈山计划"是左靖继安徽的"碧山计划"和贵州的"茅贡计划"之后再次带队进行的又一个乡村建设项目。景迈山是云南省普洱市澜沧拉祜族自治县惠民镇的一个山区。据研究者说，这里拥有世界上年代最久、面积最大的人工栽培型古茶林，可上溯千年甚至更久远。在这里，傣族、布朗族、哈尼族、佤族和汉族世世代代傍山而居，沿着山势建立了一个个村寨。他们与茶树为邻，以务农为生，共同创造了富有地方特色和民族风情的文化传统和生活习俗。在过去交通不便、资讯不达的年代，他们过着自成一体、基本上与外面的世界隔绝的相对贫穷的生活。这些年，因为中国的旅游业迅速发展，特别是自2012年景迈山入选《中国世界文化遗产预备名单》后，这个地区逐渐为外界所知。因其未受到大资本入侵带来的大规模破坏而得以保留的、比较纯粹的自然生态和人文环境，景迈山受到越来越多旅游者的青睐。与此同时，它的千年古茶树林也开始为茶叶界所知，该地出产的茶叶很快成为

景迈山芒景村翁基寨
（摄影：朱锐）

畅销品，价格快速上涨。每年春秋时节的茶叶旺季，这里的游客和茶商络绎不绝，为当地村民带来很多新的信息和商机。这些新发展为当地的经济注入活力，很多村民通过销售茶叶或从事与旅游相关的行业而迅速脱贫致富。原先，这里家家户户都以做茶、农耕为主；现在，很多家庭开始经商、开茶店或客栈以招待游客。

景迈山地区农民家庭收入的增长，加之与外界的频繁交往，给当地人的生活方式带来了巨大改变，并对居住空间提出了新要求。其中，最为明显的就是富有地方特色的传统木构民居渐被遍布中国乡镇的毫无特色的钢筋混凝土或砖墙楼房建筑取代，因为后者在农村是被广为接受的一种富裕象征。很多村民或拆掉老房子盖起以砖块和混凝土为主的楼房，或离开原来的村子在周边山上盖起更高更大的新房。他们留在村子里的老房子因无人居住而失修破落，原先富有当地特色的村寨民居和历史悠久的村落布局正在逐渐消失。景迈山地区入选《中国世界文化遗产预备名单》，是因为它的古茶林、古村落、古建筑和富有民族特色的人文生态。让人遗憾的是，近年来当地经济的迅速发展却对这些民居遗产造成了破坏，引以为豪的人文生态正受到威胁。这其中有个显见的矛盾：因当地人文生态入选《中国世界文化遗产预备名单》而被外界所知带来了信息交流和商业机会，并促进了当地的经济发展；经济发展让村民变得富裕从而开始建造与外界一样的楼房，而这种随处可见的楼房却构成

卷六　社会参与式艺术　　223

景迈山翁基寨 （摄影：马志民）

景迈山翁基寨云海
（摄影：马志民）

了对原先居住环境独特性的一种消解。从建筑美学和空间规划的角度上看，新楼房使很多古村落变得混杂无序，失去审美上的优势，渐渐变得和外面很多普通村庄一样。

为寻找解决方案，惠民镇政府成立了景迈山古茶林保护管理局。管理局要保护的不仅仅是古茶林，更重要的是当地人居环境和文化生态。在过去的几年里，管理局通过与专家团队合作的方式来引进新的理念，以期建立一种既能保护当地独特的民居遗产又能满足村民改善住房条件需求的发展模式，并尽最大可能地强化景迈山自身的地方优势，提高它作为文化旅游景点的吸引力。富有多年乡村建设经验的左靖是管理局邀请到景迈山为当地的发展献策出力的专家之一。管理局局长曾在2016年带队访问左靖在贵州的"茅贡计划"，并参观该计划的阶段性成果展示，即由该乡镇废弃的旧粮库改造而成的茅贡粮库艺术中心的开幕展览。在实施"茅贡计划"的过程中，左靖正式提出他的艺术乡建三部曲理论：空间生产、文化生产和产品生产。空间生产指的是创造具有当代文化交流功能的新的公共空间，通常由改造旧的或废弃不用的建筑并赋予它们崭新的功能来实现，落实在"茅贡计划"中就是对旧粮库的改造，使它成为一个展示艺术和文化活动的空间，也就是生产新的空间的过程。文化生产是由艺术家、建筑师和设计师等围绕当地民风民情创造的各类作品或研究成果，最早的一批文化生产成果主要以视觉形式在新开放的粮库艺术中心展示。产品生产指的是利用当地物质和文化资源设计生产可供销售的产品，比如有机食品、环保布料和手工编织物等。虽然开幕展所展示的成果主要是由左靖请来的专

布朗族老人祭拜茶神树
（摄影：张鑫）

布朗族老人拣黄片
（摄影：张鑫）

业人员独立或与当地村民合作完成，但这个计划的最终理想是希望创造机会引导村民成为乡建的主体，以多种方式参与自己社区的改造和发展活动，从而获得精神文化和经济上的回报。

显而易见，景迈山古茶林保护管理局对左靖的乡建理念及在茅贡粮库艺术中心展示的阶段性成果很是欣赏。随后，左靖得到管理局的邀约和委托，到景迈山地区实地考察并承担了景迈山申遗项目的一个子项目，即为该地区多个村落进行田野调查、展陈出版、空间利用与产业转型升级研究等工作。从2016年底起，左靖带领由策展人、艺术家、建筑师、摄影师、导演、设计师等专业人员组成的团队开始了"景迈山计划"。他们通过田野考察了解该地区的人文与自然生态、村落布局和居住空间、节庆风俗和日常生活，以及当地的经济模式等。他们对景迈山上14个传统村落进行具体的调查和统计，并用绘画、摄影等方式记录当地民风、民俗、民艺和宗教信仰。在进行实际的地方营造时，他们选择了翁基寨作为工作的起点。翁基寨是隶属于惠民镇芒景村的一个自然村，是布朗族的世代集居地之一，虽人口因嫁娶会有所变动，但目前还是以布朗族为主，这里共有89户人家300多人口。与周围风貌渐失的古村落相比，翁基寨是传统村落布局和民居风格受到较少破坏因而保持得最为完整的村寨。

布朗族图腾
（摄影：张鑫）

"景迈山计划"是与当地政府合作的项目，由政府有关部门负责与当地村民交流协调，左靖的团队负责设计方案并在地实施。在翁基寨的建筑空间改造方案中，他们计划翻新分散在这个古寨的六栋传统干栏式木结构民居，在保持其原有结构并增强其美学特色的同时，将它们改造为具有当代性的公共或半公共空间，以达到对当地传统建筑的保护和活用。至2017年末，他们共改造了四幢房子，其中一幢被命名为翁基小展馆，成为展览当地文化和习俗的场地，还有一幢作为乡村工作站，另外两幢作为民宿，用来接待访客。这些新改造过的房屋自然而然地成为"景迈山计划"在建筑设计、室内改造、空间利用几方面的成果，是保护式改造的案例展示。据左靖说，他的团队在传统干栏式建筑的保暖、防水、防鼠、采光、隔音和卫生间的配置等方面进行了一些有益的探索，在保持并强化富有当地特色的建筑美感的同时，使内部空间和设备更符合现代人的需要，希望这些探索能为村民在改造他们的房子时提供参考。在左靖的构想中，"景迈山计划"整体上是以文化梳理为基础、内容生产为核心、服务当地为目的，将是一个延伸到多个村庄的长期项目，尽管目前的改造和展示工作主要集中在翁基寨。

## 营造地方的"文化自觉"

经过大概一年的工作，左靖于2017年10月策划了"今日翁基"展览，在新完工

翁基小展馆
（摄影：张鑫）

云南景迈山『今日翁基』布展团队合影
（摄影：张鑫）

的翁基小展馆呈现正在进行的"景迈山计划"的进展和阶段性成果。该展览以多媒体的形式展示了整个团队对翁基村民的生活状况和当地生态环境的研究成果，以及应邀而来的艺术家以该地区的人、物、事为主题的创作作品。左靖将"今日翁基"定位为地方性知识的通俗的视听再现，是一个"乡土教材式"的展览，通过展陈，让村民尤其是孩子们了解自己村寨的历史、文化，从而实现教育的功能。这个展览因而将当地村民视为主要潜在受众，通过文字、手绘插图、视频、照片、模型以及实际的建筑和室内设计（通过展馆本身和其他改造过的房子体现），为村民提供新的视角、空间和方式来观看和体验经由外来文化艺术工作人

"今日翁基"展览海报（设计：杨林青）

员阐释的当地人的生活、工作和休闲。由于茶叶是当地最主要的经济来源，制茶工艺和茶林的介绍也是展览内容的重点。据了解，该展览很受当地村民的欢迎，特别是那些以其民族文化为主题或介绍村民的生产方式和当地节庆礼仪的作品，很多人反复到展厅观看，也会带亲戚朋友来看。有些村民甚至希望能在自己的家里或者店里摆放、展示关于茶叶生产和民族文化的手绘和视频，以便与来访的客人交流。村民的这些反馈应该可以视作他们对左靖团队在当地工作的认可。"今日翁基"展览的另一潜在受众群体则为来访的游客，因而整个展览的内容和展示空间也成为当地文化旅游资源的一个新内容。与左靖在其他地区的乡村建设项目一样，他也积极地将有关景迈山的物质和非物质文化及其团队的工作成果介绍给外面的世界，特别是城市文化圈，以促进对艺术乡建这种地方营造实践的交流和讨论。比如在2018年6月，"景迈山计划"参加了深圳华侨城艺术设计廊举办的大型展览"另一种设计方式"，以绘本、摄影、视频、装置、图解、实物等形

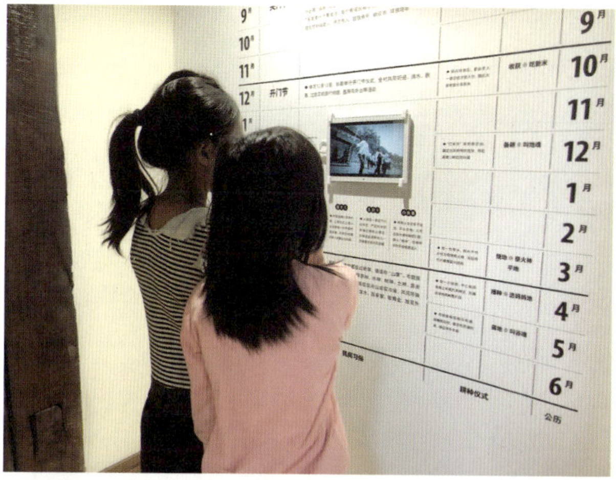

（翁基寨小孩在小展馆内观展
摄影：张鑫）

（翁基寨寨民玉叉在小展馆内观展
摄影：张鑫）

式，介绍了景迈山的风土人情，并展示了团队在景迈山进行建筑设计、室内改造、空间利用与产业转型研究以及艺术创作的进程及成果。

翁基寨的地方营造仍可以用左靖之前提出的艺术乡建三部曲理论来解读。对那些旧民居进行改造，为村子创造以前不存在、以后可以使用的新的公共空间，是一种空间生产。其中，翁基小展馆和联合工作站还可承担展示、扶持文化生产和产品生产的功能。同时，整个团队和相关艺术家自2016年起对翁基寨及景迈山地区进行考察、研究和创作就是在进行文化生产，其成果得以在这些新改造的空间里展示、传播。这些新的空间和文化产品很有可能提醒、启发并加强当地村民对本地区自然条

卷六　社会参与式艺术　　231

"今日翁基"展览空间，2017
（摄影：朱锐）

翁基地图
（制图：杨林青）

# 民居改造

◆ 景迈山传统民居更新利用的原则，在于既保留传统特征，又根据现代人的使用需要，完成功能改造和性能提升。在翁基，已有首批5幢传统民居被改造并植入文化展陈、生活服务和社区教育等功能。改造过程中，看似基础的防水、隔音等问题，却是"老屋新生"的根基。针对这些问题，我们进行了多种探索，希望为村民提供参考。

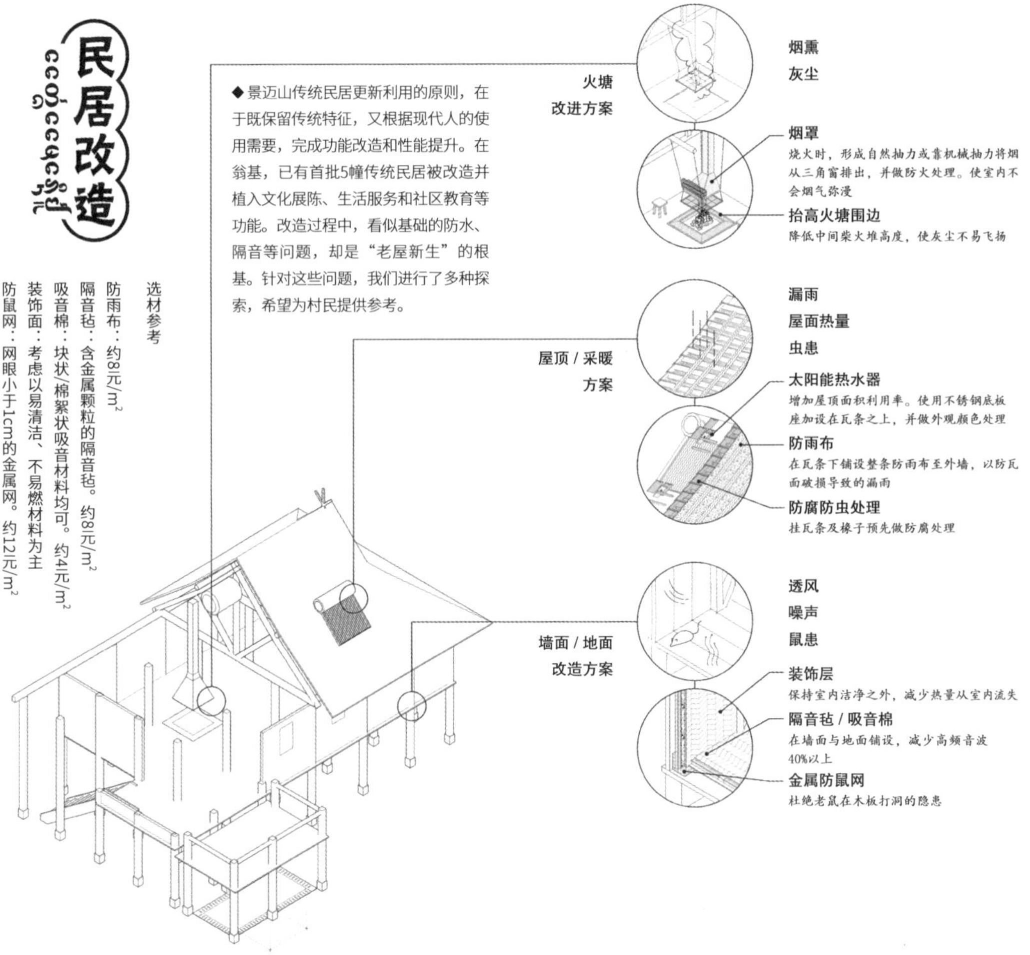

**选材参考**

防雨布：约8元/m²

隔音毡：含金属颗粒的隔音毡，约8元/m²

吸音棉：块状、棉絮状吸音材料均可。约4元/m²

装饰面：考虑以易清洁、不易燃材料为主

防鼠网：网眼小于1cm的金属网。约12元/m²

**火塘改进方案**

烟熏 / 灰尘

烟罩——烧火时，形成自然抽力或靠机械抽力将烟从三角窗排出，并做防火处理。使室内不会烟气弥漫

抬高火塘围边——降低中间柴火堆高度，使灰尘不易飞扬

**屋顶/采暖方案**

漏雨 / 屋面热量 / 虫患

太阳能热水器——增加屋顶面积利用率。使用不锈钢底板座加设在瓦条之上，并做外观颜色处理

防雨布——在瓦条下铺设整幅防雨布至外墙，以防瓦面破损导致的漏雨

防腐防虫处理——挂瓦条及椽子预先做防腐处理

**墙面/地面改造方案**

透风 / 噪声 / 鼠患

装饰层——保持室内洁净之外，减少热量从室内流失

隔音毡/吸音棉——在墙面与地面铺设，减少高频音波40%以上

金属防鼠网——杜绝老鼠在木板打洞的隐患

（布朗族民居改造导则

制图：张一成）

件、文化习俗和生活环境的综合认知。[1]由于文化生产是以对这个地区的全方位了解为基础的，它自然也在为今后的产品生产准备条件。

更为重要的是，以"景迈山计划"的名义开展的这些建设工作在很大程度上有助于营造、培养当地村民的"文化自觉"。什么是文化自觉？费孝通

---

[1] 比如，当地一家客栈老板说她从不知道自己自小就熟悉的几个村寨在物理空间上的地理位置和具体分布，是左靖团队航拍的村落全景图让她有了一个总体的认知。现在她的客栈里的白色墙面上就装饰着几张村落全景图片，颇有意趣。

卷六 社会参与式艺术 235

建筑改造前（摄影：张一成）

工作室改造后（摄影：张鑫）

先生如此说：文化自觉是指生活在一定文化中的人对其文化有"自知之明"，明白其来历、形成过程、所具的特色和发展的趋向。[1]有了文化自觉才能加强对文化转型的自主能力，取得"决定适应新环境、新时代文化选择的自主地位"。虽然费孝通是针对中国文化与世界其他国家的文化特别是西方文化的关系而提出这个概念的，但它对中国的广大乡村如何在以城镇化和市场化为主导的大环境中寻求合适的发展道路也有重要的启发意义。对乡村建设来说，在目前这个信息时代，不受外来影响、不与外界交流并不是最明智的选择，不让村民发展也是不可能的，特别是景迈山地区与外界的交流已经日益频繁。但是，没有文化自觉就会造成被动的改变或"被发展"，盲目并表面化地跟随（当然永远是以一种过时的状态跟随）所谓比较发达地区人们的生活方式和文化思潮而无视自身传统的优势，这样的消极影响在景迈山很多村寨已是随处可见。而有文化自觉的人不会轻易排斥本地的传统，当然也不会盲目跟随潮流，相反，他们会更理性、有比较地选择适合自身发展的道路，从而获得"决定适应新环境、新时代文化选择的自主地位"。因此，研究台湾社区营造活动的学者罗康隆认为，在乡建运动中重视培养社区的文化自觉能够提升乡村发展的品质。[2]

可以相信，避免景迈山的古村落在以经济发展为中心的现代化浪潮中失去其本色的途径之一，就是培养村民的地方文化自觉和认同感。当人们对自己的人文环境和生活方式有一种自觉的认同感时，就会引发自豪感并产生保护它的动力。即便因为现实状况需要改变也会比较谨慎考虑，也更有可能发展出可持续发展的建设和改造模式。左靖和他的团队所做的工作就是把该地区村民的民生民情、日常社会关系和精神需求，即在无数岁月的积累下形成的人与人之间、人与物之间、人与周边自然环境的关系，加以整理、研究、表达和展示，在视觉、具体物理空间和社会心理各层面上加深村民对本地区的人文和地理环境、社会、经济、历史、文化、美学等多方面资源的认知。这种认知的积累自然会提高他们的文化自觉并增强他们的社区认同感和文化归属感。村民对"今日翁基"展览反应热烈或许就是这样一个例子。正如罗康隆所发现，以提高文化自觉为重要目标的地方营造不但可以创造出独具地方魅力的文化特色，也有助于当地经济的发展，从而达到一个地区综合发展的目的。

---

1 费孝通：《费孝通文集》，北京：群言出版社，1999。
2 罗康隆：《社区营造视野下的乡村文化自觉——以一个苗族社区为例》，《中南民族大学学报（人文社会科学版）》2015年第5期。

中国艺术乡村建设展，北京中华世纪坛
（摄影：张鑫）

中国艺术乡村建设展，北京中华世纪坛
（摄影：张鑫）

虽然目前翁基寨村民对"景迈山计划"的主动参与还很有限，也许在不久的将来，他们会有更大的能动性并积累相应的经验来参与管理这些新的公共空间，并创造可以展示在其中的新内容和新产品，成为保护他们民族特色文化和激活社区公共生活的主要力量。这种设想也不是毫无根据的。据左靖团队的调研，翁基寨和它所从属的芒景村与中国其他省市的很多空心村不同。这些年因受益于茶产品价格的持续上涨，当地村民在家里从事与茶相关的生意也有较快的家庭收入增长，因此没有人口流出。相反，不断有外面的人才被吸引进来从事各类投资、生产和销售活动，整个村寨颇有活力。村民收入快速增长还带动了农民企业家群体的形成，这不仅增强了当地村民的消费能力，也让他们更有余力和能力参与管理村级公共事务。左靖希望其团队的工作能够真正服务于当地的社区，创造合适的条件以促进村民对所居地方的公共事务的参与和管理甚至主导以后的乡建方向，激发新的公共空间、文化和产品的生产，从而为增强翁基寨和其他村寨的活力提供有益的思考和借鉴。对所有从事地方营造项目的行动者来说，寻找一种可持续的发展模式，吸引社区成员参与，最后达到他们对项目的自治经营，应该是最终目的。

卷六　社会参与式艺术　239

# 后记

相欣奕

"民以食为天。"追溯古代聚落，无一例外皆受制于粮食的供给。盛唐长安城煌煌百万人口大都市，缺粮之虞却挥之不去。关中地区堪称粮仓，然而粮食的产量远不够如此多人饱腹。黄河三门峡险要，以漕运大规模运送外粮不现实。隋唐两代的瓶颈就是"缺粮"，有历史学家认为，长安缺粮导致唐由盛至衰。

现今许多人貌似已摆脱缺粮束缚太久。2016年Science杂志城市星球专刊中，一篇题目为《城市化与食物系统之间隐形的联系》的文章赫然在列。乍一看或许有些错愕。今时今日，粮食问题还能难得住看似无所不能的城市吗？现代化的交通，不但能源源不断运来口粮，还可把地球另一端最遥远地方的奇珍异果、生猛海鲜快速运送。城市居民可能会受困于堵车加班高房价，但甚少担心饿肚皮。然而，自2020年开始持续三年的疫情，出乎意料地让所有人体验到"食物短缺"，无菜无肉无水果甚至无米断炊的情况延绵多时。疫情启发了人们的思考，其中必定包含对人和食物关系的思考。

《碧山15：食物续》，恰便是对人和食物关系的思考。卷一呈现"特殊时期的食物"，开篇对历史上中国饥荒现象的内涵加以考述，紧随其后的三篇则是在过去三年疫情期间关于食物的思考。卷一可看作是为旧日和今时特殊时期以"食物的不确定性"添加注解。卷二"食之道"，两篇文章皆以"素食"为主题，勾勒出中国新素食运动的来龙去脉，更对素食中蕴含的公正与慈悲进行挖掘和呈现。素食是一种个人的饮食方式选择，弥足珍贵，值得尊重和偶尔尝试。卷三"食之设计"，以艺术设计呈现的食物，是美，是身体，是资源，是文化，是情感，是道德，是社会，是乐观的未来，也是悲观的未来。设计拥有伟力，艺术化的食物远远超出饱腹之物的本义，充满无穷寓意和警示。卷四"食之运动"，呈现了北京的农夫市集，以及远在秦岭深处的古老养蜂技艺——北京的农夫市集，是大都市刻板食物结构和体系中的另类运动，而秦岭秘境中的古老养蜂术，也可能因新技术的引入而销声匿迹——竭力反其道而行之的人，都是食物体系中的行动者，令人仰慕。卷五"书、歌与影"，隽永而多彩，大卫·哈维、小川绅介和钟永丰，法国的巴黎、日本的稻田和云南的景迈山，都在本卷里以不同视角呈现。卷六"社会参与式艺术"，为王美钦老师一力完成，对"茅贡计划"和"景迈山翁基寨乡建"两个案例深入引介，这正是《碧山》杂志的创立人左靖老师正在开展且将持续进行的"艺术乡建"工作内容。乡村从何而来？向何而去？因何得力？如何介入？关心乡村发展的读者，以及投身乡建的同人，必定能从中得到启发。

历时良久，《碧山15：食物续》终于出版，有赖于20余位作者的贡献。他们来自不同领域，从不同的视角，共同塑造了本书内容和形式的多样性。特别致谢"食通社"为组稿提供的大力支持。"食通社"是一个可持续食物与农业的知识、写作和信息社区，由一群长期从事农业和食物实践及研究的伙伴共同发起和管理，致力于为生态农业从业者创造一个公平公正的市场和社会环境，以及促成食物体系的健康、美味、可持续。

本书主编为左靖，执行主编为相欣奕。王美钦、彭嫣菡、王彦之、芮嘉、靳立鹏、张小树等承担了栏目主持和编辑工作，吴倩、蒲佳负责本书的设计和协调，荆涛女士对本书的出版提供了支持，在此一并致谢。

# 作者简介

### 曾雉嘉
四川宜宾人,历史学博士,西南大学历史文化学院讲师,主要研究方向为历史城市地理、地理学思想史。

### 张美华
西南大学地理科学学院副教授,生态经济学博士。爱好户外生活,关注城乡生态环境,关注社会生态文明建设。

### 李亚枝
生于云南大理,中山大学人文地理学硕士,现为广东省科学院广州地理研究所国土空间规划助理,主要研究方向为乡村振兴。

### 朱怡
中国地质大学(武汉)景观设计系教师,生态修复与景观设计研究中心成员。希望以生态修复技术为基点,多角度、跨学科营造韧性景观。

### 简艺
中国绿会良食基金发起人,独立导演、文化行动者,青原色创新实验室创始人。

### 蒋劲松
清华大学科学史系副教授。

### 景斯阳
景斯阳,女,1990年生,中央美术学院设计学院讲师,生态危机设计方向召集人,Eco-Vision Plan 发起人,跨学科策划人。获得哈佛大学和宾夕法尼亚大学双硕士学位,并曾于麻省理工学院媒体实验室、德国慕尼黑工业大学求学。荣获哈佛大学、宾夕法尼亚大学中国留学生最高入学奖学金,宾大院长提名领导力奖,入选国家特殊艺术类人才培养计划。她的研究领域是潜行科技下的危机设计、生态与生物设计。

### 笑梅

生活方式自媒体"半径Radius"主理人,独立媒体人。长期关注艺术设计、创意美学、潮流文化等领域,以独立视角发掘独特价值,让有趣的灵魂相互认领。

### 李萌

籍贯为山西省霍州市,现工作于中国盲文出版社,同时担任《艺术与设计》杂志撰稿人,双硕士,先后毕业于天津美术学院、中国艺术研究院与英国伯明翰大学,学习设计艺术史与艺术史。

### 万尹亮

台湾逢甲大学公共事务与社会创新研究所副教授。在英国埃塞克斯大学社会学系取得博士学位,研究消费文化、另类市场、东亚食物网络。近年研究食农网络在中国台湾地区和大陆的发展,探索生产者和消费者之间如何团结、如何界定真实食物,以及消费者如何在日常生活中实践永续环保的理念。

### 吴船

"80后",曾于新闻、出版、教育、建筑设计行业工作,现在家读书、看稿、码字,抽空进山。

### 赵益民

中国人民大学公共管理学院城市规划与管理系讲师,学术期刊*City*编辑,伦敦政治经济学院 Saw Swee Hock 东南亚研究中心兼职研究员。研究兴趣主要集中在城市变迁的社会–空间过程,尤其关注城市政治经济、空间与权力以及城市批判理论的多重可能性。

### 钟永丰

1964年生,交工乐队与生祥乐队制作人与作词人,曾任美浓爱乡协进会总干事、高雄县水利局局长、嘉义县文化局局长、台北市文化局局长等,曾获2000年金曲奖最佳制作人、2005年及2007年金曲奖最佳作词人。

**郭熙志**

纪录片导演。作品有《渡口编年》系列、《工厂青年》、《喉舌》、《典型》等。现执教于深圳大学。

**刘庆元**

出生于重庆市，毕业于广州美术学院版画系，任教于广州美术学院跨媒体艺术学院。主要工作方向是当代艺术设计的社会融入方法、跨学科实践和创作。

**李朝晖**

湖北武汉人，1989年毕业于北京大学，现生活、工作于湖北宜昌，2010年开始全职艺术创作。作品曾入选"三影堂奖""连州2005—2014：中国当代摄影十年""中国当代摄影40年（1976—2017）""丽水摄影博物馆中国摄影年度排行榜"等。出版有个人画册《大体：标尺下的人体器官》《中国当代摄影图录：李朝晖》。

**王美钦**

纽约州立大学宾汉姆顿分校艺术史博士，加州州立大学北岭分校艺术系教授。专业方向为中国当代艺术在全球化、商业化和城市化背景下的发展形态，着重于社会参与式艺术研究，特别关注艺术如何参与公共空间、社区生活和乡村建设。

**王彦之**

斯坦福大学汉学硕士，纽约大学艺术史与经济学学士。近期的研究、策展方向为地方营造与社会参与式艺术。2021年出版译作《为自然书籍制图》。

**郄凌云**（封面图作者）

河北保定人，爱在山野行走拍摄，爱在厨房做饭品尝，还有一个菜园子！